Ángela Sánchez del Río

@annsdr

TÚ, CONTIGO Y POR TI

Espabila y cáete bien

SOMOS B

Papel certificado por el Forest Stewardship Council®

Primera edición: noviembre de 2023

© 2023, Ángela Sánchez del Río
© 2023, Penguin Random House Grupo Editorial, S.A.U.,
Travessera de Gràcia, 47-49. 08021 Barcelona

Printed in Spain — Impreso en España

ISBN: 978-84-666-7760-8
Depósito legal: B-15653-2023

Compuesto en Twist Editors
Impreso en Gómez Aparicio, S. L.
Casarrubuelos (Madrid)

BS 7 7 6 0 A

Índice

Nota

En estas páginas hablo de llevar a cabo el cambio que llevas queriendo realizar desde hace tiempo, de mejorar en el aspecto que quieras, de querer ser tu mejor tú. Ya sea un cambio de profesión, sanar tu corazón, conseguir un cambio físico, mejorar tu salud, superar una adicción, mejorar tus relaciones o evolucionar de tu crisis existencial... este libro te dará el toque de atención y motivación necesaria para empezar, o al menos planteártelo.

Espero inspirar con mis historias y compartir la luz que a mí me ha guiado y que por fin ha dado resultado. Esto es ¿autoayuda? ¿mejora personal? Pero en plan... amigos. Una charla dicharachera guay en la que poder reconocer lo que no está bien y creer en la capacidad de cambiarlo.

Si no puedes solo, pide ayuda. Si no sabes si puedes o no, comparte tu angustia, déjate aconsejar. Este libro no tiene intención de reemplazar la ayuda profesional. Si enfrentarte a tu realidad es algo que ahora mismo te altera, este libro te esperará para cuando sea tu momento.

La Villa Pantone

Siempre me ha encantado fantasear con mi futuro. Soñar despierta con lo que quería conseguir ser y vivir «de mayor». De mi piquito de oro han salido innumerables veces frases que empiezan por: «De mayor voy a tener...», «Cuando sea mayor, entonces...», «De mayor seré...», «En mi futura casa...», «En mi boda...», «Cuando sea madre...», «Mira, para cuando...». Subordinadas adverbiales de tiempos futuros que suelen terminar con grandes objetivos y sueños por cumplir.

Entre ellos, de los más grandes que recuerdo es uno que, por desgracia, olvidé por completo durante los años en los que me hacía mayor y a la mochila adulta comenzaron a sumarse preocupaciones directamente proporcionales a la edad.

Ese gran sueño era la Villa Pantone. Comencé a hablar de ella con total naturalidad. Ante las preguntas de qué era yo decía, recalcando el tono de obviedad:

—Mi futura casa de colores, *duh*... Mira esa vajilla con forma de verduras de ahí, ¿la ves? La tendré en LVP.

Ay, la Villa Pantone, mi futuro hogar, ese lugar donde mi corazón estará en calma, donde viviré feliz, segura, tranquila y querida con mi futura familia.

No es raro que ese sea mi gran objetivo, que a nadie le pille por sorpresa. Ya apuntaba maneras desde bien pequeña cuando me pasaba las horas creando casas y vidas «ideales» en los Sims. Iba a rachas, pero cuando me daba era tal el nivel que incluso soñaba con el juego, su música y su idioma...Ahora sueño con el truquito del *motherlode*...

He encontrado incluso dibujos de planos hechos «de aquella manera» de casas con las que fantaseaba y, a falta de videojuegos o escuadra y cartabón, también era buena cerrando los ojos e imaginando. ¿Cómo no me iba a resultar fácil más tarde el dibujo técnico, con la de práctica que tenía? ¿Cómo no se iba a llevar el chasco de su vida mi padre al ver que la niña no elegía como carrera profesional alguna ingeniería o arquitectura?...

Me visualizaba viviendo una vida tranquila, feliz, en la que fuese creativa, tuviese una buena relación conmigo misma, en la que me aceptaba y quería, aunque esas características, en mi mente de niña, simplemente eran propias de la persona en la que me convertiría de adulta de manera natural.

Imaginaba una familia superguay que pasaba los días lejos del mal humor, que disfrutábamos de nuestra compañía, de los planes creativos que acababan con la

Villa hecha un desastre pero sin importarnos recogerla más tarde, porque valorábamos el espacio que habíamos creado y más aún las actividades que podríamos realizar juntos.

Sería una burbuja en la que cualquier persona que entrase se sentiría bienvenida, segura, alegre por los colores que decorarían cada rincón, con detalles vibrantes.

La Villa Pantone se llama así porque la fachada será de algún color Pantone por definir. Quizá lo decida el

número de la calle en la que se sitúe, la cifra de una fecha especial... O el color que más me guste —y me permitan las leyes de urbanismo. Empecé a pensar en ella hace muchos años. Hacía fotos cuando veía casas con características que me gustaban: galerías típicas del norte de España con cristaleras que iban del suelo al techo, patios interiores muy del sur, azulejos para todos los gustos... Casi a diario recopilaba inspiración en el evidente tablero de Pinterest, con cocinas de revista que disponen de los típicos *sunrooms* ingleses mezclados con proyectos de renovación de mobiliario, ideas de manualidades y construcción con fotos de cantos de puertas pintados de colores y detalles alegres por todas partes.

La Villa Pantone era un lugar seguro en mi mente, mi foco, mi objetivo por el que trabajar, una ilusión, mi descanso mental, mi futura recompensa al esfuerzo que haría cada día. Avivaba mi llama interior, era mi meta para cuando «fuese mayor».

El peligro de las frases de este tipo es que son un arma de doble filo: son llamadas a la acción y a la vez, un freno. Te motivan si sabes lo que conllevan y requieren de ti, y te paran en seco si no te conoces lo suficiente ni sabes lo que van a suponer esas enormes expectativas tan a largo plazo, en un mundo que facilita las gratificaciones instantáneas.

Esa ilusión que podía llegar a tener con la Villa Pantone desapareció al entrar y empezar a vivir la verdadera independencia en la vida adulta. Las decisiones que tomaba eran mías y solamente mías, mis tiempos, horarios, hábitos, rutinas...

Ese anhelo que tenemos de pequeños por vivir sin normas puede volverse en tu contra cuando «por fin» lo consigues, pues si bien por un lado tú tomas las decisiones, por otro, tú te comes las consecuencias, tanto las buenas como las malas. Y sin patatas.

Cuando no sabes gestionar tus necesidades emocionales básicas —porque nunca nos han enseñado—, llevas la mochila de aprendizajes de otras personas —que nunca has cuestionado—, y te toca tomar decisiones difíciles que te sacarán de lo conocido y te dan un miedo terrible, entonces apechugas con lo que resulte de ellas y sigues con tu vida día a día, sin reflexionar si la estás viviendo o simplemente estás vivo.

La ambición de cuando te llevaban de la mano y la seguridad de que, si te la pegabas de camino a perseguir tus sueños, ibas a tener un colchón, pasa a un conformismo gustoso sin dramas al ver que tu vida actual «no está mal». Con el remordimiento de un fuego interno sin apagar, ya que esa vida cómoda no te está acercando a cumplir tus sueños ni a crear un plan para conseguirlos.

La Villa Pantone pasó de verse en 4K y a todo color a tantearse en blanco y negro, pasando por más pixelado que las videollamadas pandémicas. Hasta que un

día, no sé cuándo, se disipó. Se esfumó de mi mente, la olvidé.

Me enfoqué en el ahora, en sobrevivir día a día sin pensar en la presión incómoda de un futuro incierto que cuando paseaba por mi mente, lo hacía acompañado de una dosis de frustración, angustia y desilusión.

Con ese sueño también se fue apagando la persona que lo tenía. La inocencia se convirtió en responsabilidad; el delirio, en cordura; la alegría, en seriedad; la felicidad, en tristeza; la creatividad, en mediocridad; el acelerador, en freno y el futuro, en presente.

Así empieza la pérdida de tu verdadero «yo», cuando renuncias a tus sueños y antepones el pensamiento «no puedo, no va a llegar» antes de empezar a perseguirlo siquiera. O, al menos, supongo que así fue para mí.

En este libro quiero que abras tu mente y tu corazón para que reconozcas a la persona en la que te has convertido y evalúes si esta es la que va a luchar por alcanzar tus objetivos, metas y sueños. Si eres quien siempre quisiste ser o si ni siquiera sabes quién es esa persona. Si te has dejado llevar por la corriente hasta un lugar en el que estás cómodo en la incomodidad, si el reflejo del

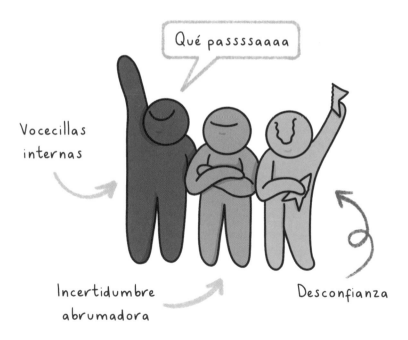

espejo te representa o apenas lo reconoces. Quiero que veas la posibilidad que hay en ti de crear alguien que encaje en el molde donde únicamente entras tú, tu mejor versión, la que lucha dentro de sus posibilidades y circunstancias únicas a ti, por todo lo que siempre quisiste. No te conformes ni te escudes en frases como «yo soy así», porque con eso solo te haces daño a ti y a tu entorno. Puedes cambiar quién eres y tu realidad actual, porque puedes tomar decisiones al respecto. Puedes vivir una vida en la que la felicidad aparezca cada día a saludar, en la que la alegría sea más fuerte que el dolor. Recupera tu llama, ilumina a los demás con eso que solo tú puedes aportar. Mereces priorizarte, cuidarte, respetarte, caerte bien. Eres tú, contigo y por ti antes que nadie. No podrás dar a los demás si no tienes suficiente para ti. Es difícil, pero puedes hacer cosas difíciles. Y, en estas páginas, yo quiero acompañarte en este proceso. Vamos a hablar de los sueños que no se cumplen y de los que sí, de qué es el bienestar y cómo se llega ahí, de las versiones de uno mismo que hay que dejar atrás para avanzar, de los consejos que me hicieron espabilar a mí y que ojalá resuenen en ti. ¿Estás preparado? Pues respira hondo, ¡que empezamos!

Si el crecimiento personal es "una moda," me confieso, soy una fashion victim. Y orgullosa. Solo las personas interesadas en ello son capaces de reconocer no estar donde quieren estar, ya sea física, emocional, profesionalmente... superando la posible vergüenza que significa admitirlo Solo una fashion victim se atreve a escucharse, a entenderse, a reconciliarse con su pasado y comprometerse con su futuro de ahora en adelante. Solo una persona a la moda puede mirarse a la cara sin mentirse y saber que es capaz de más, de elevar su situación a una vibra en la que vibre. De intentarlo, de fingir creer hasta que cree, de caerse y levantarse, de decirse las cosas como son. No hay mayor ambición que aspirar a ser una mejor versión de ti mismo, trabajar por tu deseo. Aprendiendo sin parar. Sin compararse, sin envidias, sin prisa. Eres tú por y para ti. Nunca contra. Siempre a favor. Y yo contigo, combinando, a juego.

por lo de la
moda, mentiendes?

Los sueños

Renunciar a un sueño, propósito u objetivo grande de vida es una manera de conformarte con menos de lo que en el fondo sabes que quieres y seguramente puedas conseguir. Dejar de lado el tener un propósito o un foco nos roba poco a poco la alegría de vivir, y enmascara con el miedo a lo desconocido la seguridad que nos puede aportar tener una estructura en la que apoyarnos y un plan de vida que nos ilusione.

* Al cambio, al fracaso, a fallar a alguien... *inserte aquí su miedo*

Puede que muchos de nuestros sueños de cuando éramos pequeños ahora nos parezcan del todo inalcanzables, y quizá objetivamente ya no queramos perseguirlos. Pero si hay una llama dentro de ti, aunque sea pequeñitísima, ínfima (palabra de mayor), minúscula, después de tantos años pasando por completo de ella, es que por ahí va la cosa. Y vamos a protegerla, porque será tu guía cuando quieras mandarlo todo a la mierda.

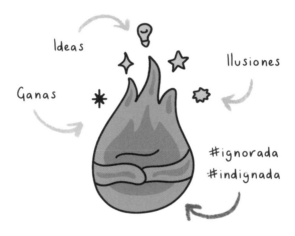

Esos impulsos y preferencias que nos surgen de pequeños, ya sea en todo lo creativo, en ser el defensor de los apartados en el patio, en ayudar a pajaritos caídos del nido…, no se pueden olvidar con tantísima facilidad como acostumbran. Seguramente hayamos oído muchas veces lo de las vocaciones. Solo les prestamos atención y les damos impulso cuando se trata de las más reconocidas: «Siempre supo que sería médico», «Siempre le gustaron los números», «No soltaba las pinturas»... Pero cómo cuesta encontrar el reconocimiento en las vocaciones sin título, como la amiga que siempre te ayudaba a estudiar, la que te escuchaba como nadie y mejor te aconsejaba, la que te quitaba los virus y descargaba programas, el que probaba sin dudarlo todos los deportes... ¿Dónde queda ese recordatorio cuando tenemos que tomar las primeras decisiones importantes acerca de la persona en la que nos vamos a convertir? En lugar de seguir esos instintos nos dejamos llevar por consejos de personas que, queriendo lo mejor para nosotros, nos guían según los caminos seguros y conocidos en lugar de dejar que creemos el nuestro propio con cada paso, leñazo, pedrolo y resbalón. Con los mosaicos tan bonitos que podemos crear.

Los sueños que solemos responder cuando de pequeños nos preguntan «qué queremos ser de mayores» son tan grandes porque ante nuestra mirada de niños, cuando aún no hemos descubierto nada de nosotros mismos, ni mucho menos de lo que es la vida, somos imparables y nada es imposible.

Pensamos que lo podemos todo, nuestra imaginación nos visualiza siendo médicos, pintoras, futbolistas, malabaristas, cajeras, veterinarios de perritos pequeñitos o astronautas. Y aunque nuestras acciones y perso-

Experiencias que van llegando y creando más allá de lo esperado y conocido: buenas, malas, regus, tristes, superguays, dolorosas, éxitos...

nalidad de chiquitines muchas veces no acompañen esa ambición tan extraordinaria y acabemos siendo terriblemente vergonzosos, un tanto patosos e incluso nos invadan los miedos, la idea, la imaginación, la visualización están ahí. La llama quema.

Y supongo que por eso jugamos a serlo todo, practicamos y exploramos todas las opciones con dibujos desastrosos, operaciones guarrindongas a pollos asados y decenas de balones encajados en tejadillos de patios ajenos.

Lo último en lo que piensan esos niños emocionados es en lo mal que le va a salir el primer dibujo que haga al probar unas pinturas nuevas, el pollo mechado que van a acabar comiéndose y dónde dejar la escalera una vez rescatado el balón del patio de la vecina del pueblo (mucho mejor seguir jugando, que se la encuentre dentro de su casa y piense que le han entrado malos malosos a robar y no unas criaturas sin control de la casa de al lado).

Lo que nos importa de niños es intentarlo, ya que las voces internas negativas aún no se han desarrollado. Da igual la de veces que los adultos tuvieran que tirar batidos intragables de niños interesados en la cocina creativa o las pilas de dibujos dignos de trituradora que prometieron enmarcar. No echan por la borda sus sueños, pues no está bonito romperle la ilusión a un niño. Las cosas cambian cuando nos hacemos mayores y empezamos a mostrar interés en crear nuestro mosaico.

En algún momento, «lo que importa es intentarlo, da igual lo que pase» se cambia por un «tienes que aprobar sí o sí», o incluso en «tienes que ser, hacer, pensar...». Y cuando aprendemos y nos damos cuenta del esfuerzo que requieren nuestros objetivos a nivel físico, académico, económico o mental es más fácil rendirse que luchar por ellos.

Vamos creciendo, conociéndonos y alejándonos de ese niño con sueños, lleno de inocencia y que desconoce la vida a quien sus padres guiaban por la misma procurando que se criara con facilidades y sin preocupaciones, con las mejores intenciones y consejos (quizá no siempre los más acertados). Como todos los padres, nos inspiran y avisan de la necesidad de aspirar siempre a ser mejores y a superarnos en un mundo cada vez más competitivo.

Proyectan grandes expectativas hacia esos niños, pero las establecen bajo las ideas y el contexto en el que ellos se criaron sin considerar los cambios de paradigmas, las diferencias en el desarrollo social y personal actuales, lo que genera en muchas ocasiones la idea contraria y crea rechazo hacia ese plan de vida y la persona. Las expectativas altas son lo más cuando sabemos gestionarlas, pero, aaamigo, para eso no nos educan. Ya hablaremos de ello. En este libro empezamos a construir la casa por la puerta.

Si llegas a la edad de empezar a tomar decisiones después de que te hayan influenciado y guiado toda la vida, de haberte adaptado a lo que te han enseñado sin cuestionarte nada acerca de ti mismo, de tus días, de tus oportunidades y de cada decisión que tomas o toman por ti, es fácil y probable que acabes en un círculo vicioso, perdido, sin saber cómo gestionar los cambios ni tu tiempo, que aspires a ser mejor en un entorno académico o profesional y aparques u olvides tus sueños y la persona que querías ser para perseguirlos.

Está muy bien vivir el presente y no agobiarse por el futuro que ni siquiera está prometido, pero reserva cierta ilusión para lo que quieres lograr. Tener algo por lo que esforzarte, pequeñas metas, grandes objetivos, aspiraciones que te impulsen... puede que sea lo que te dé las fuerzas y el foco que necesitas en rachas oscuras, donde no ves nada claro y no quieres esforzarte por enfocar. Aun viviendo una realidad dura con un futuro lleno de incertidumbre tienes derecho a soñar, incluso a delirar un poco. Porque si te imaginas en ese momento si sientes la felicidad que te daría vivirlo, probablemente te anime a trabajar por conseguirlo. Tener tus valores claros te ayudará a plantearte sueños y objetivos de vida, dividirlos en metas pequeñitas te animará a intentar dar pasos por acercarte a ellos. Sueña en gigante o en chiquitín, pero sueña y confía en ti. Yo ya lo hago.

La persona

He pasado mucho tiempo aferrada a la persona que acabó conmigo. Atrapada en una vida que odiaba sin ser capaz de ver una salida. La relación más tóxica que jamás he experimentado yo, que presumía de que nadie había abusado de mí y me escandalizaba cuando veía actitudes como las que estaba viviendo en mi propia piel y pasaba por alto.

Como suele pasar, la ilusión del principio era mágica; la conexión, inigualable, como si nos conociéramos desde siempre. Éramos invencibles. La ingenuidad y el desconocimiento hacían que cada día fuera un misterio que descubrir con ilusión y vivir con espíritu aventurero.

Hacíamos planes increíbles, aprendíamos lecciones vitales, probábamos *hobbies* sin miedo a que se nos diera horrible, nos atrevíamos a todo lo que se pusiera por delante. Nos impulsábamos al vernos tan alegres y dispuestos, nos cargábamos de energía.

Nuestra relación estaba llena de novedades y retos que afrontábamos con ganas, desafíos que nos ponían a prueba y problemas que nos hacían más fuertes. Cada temporada era distinta, pero siempre conseguíamos planificar una estrategia para superarnos, evolucionar y pasarlo bien en el camino que emprendiéramos, esquivando piedras o comiéndonoslas y aprendiendo de ellas, siempre aprovechando cada oportunidad para ser mejores. Aceptábamos los consejos que nos daban personas que ya habían vivido algo como lo nuestro y parecían felices con las decisiones que habían tomado.

Cada año que superábamos pedíamos un deseo para lo que nos deparase la vida juntos: que nunca nos faltara el amor que nos dábamos y la ilusión con la que vivíamos cada día. Que consiguiéramos cada objetivo, que lo malo, pa fuera siempre.

Olvidábamos las malas rachas sin guardar rencores, o eso creíamos.

Como en todas las relaciones, llegó un momento en el que la emoción de las novedades, como es evidente, se agotó, pues debíamos establecer un orden y una calma en la que desarrollarnos como personas. En ese sosiego en el que todo funcionaba y estaba en equilibrio, nos acostumbramos a la vida que llevábamos, a los hábitos y las rutinas que habíamos creado, fueran constructivas o no.

La chispa de los comienzos se apagó, las conversaciones emocionantes se volvieron repetitivas e incluso cambiaron por silencios, y de esos nacieron las voces.

Nos preguntábamos a nosotros mismos, pero no a viva voz, pues en esa falta de ruido no había lugar para molestarnos. Acumulábamos resentimiento por no comunicar aquello que empezaba a fallar según íbamos descubriendo la verdadera cara que escondía la emoción de la novedad.

Ese resentimiento, como herida sin tratar, fue infectando cada parte de la relación, pero no había tirita de los Minions que no aguantase y curara superficialmente, así que nos dedicábamos a tapar los problemas y procurar ignorarlos si volvían a doler.

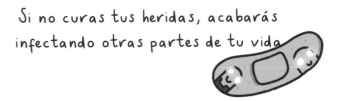

Si no curas tus heridas, acabarás infectando otras partes de tu vida

Hacíamos listas mentales de todo lo que cambiaríamos como personas y en la relación, todo lo que no funcionaba. Eran cosas pequeñas, por lo que no las creíamos muy importantes, así que en lugar de ir tratando punto por punto cada aspecto a mejorar, se acumulaban como granitos cayendo en un reloj de arena.

Cuando el último grano culminaba la montaña, la señora discusión que teníamos no nos la quitaba nadie, con sus lágrimas, gritos, heridas y consiguientes tiritas de Hello Kitty. Y, de nuevo, le dábamos la vuelta al reloj.

Fueron tantas veces que, al final, se rompió tras un golpe fuerte. Los granitos quedaron desperdigados, ignorados y pisados, y resbalaban como los plátanos de *Mario Kart*. Esos resbalones fueron el principio del verdadero daño. Comentarios, palabras, miradas de desprecio o, por el contrario, la falta de ellas, el vacío, el *ghosting* en la vida real.

Poco a poco comenzaron los lanzamientos de cáscaras de tortuga (seguimos con el lenguaje *Mario Kart*, ¿vale?). Aquellos golpes eran duros de recibir cuando todo va bien. Las miradas no eran nada comparadas con los comentarios desafortunados que empecé a oír día sí día también.

Al principio eran bromas y acabaron con la verdadera destrucción de mi ser como me conocía y como me conocían. Me comparaba constantemente con personas extrañas que idealizaba y esto me creó unas expectativas inalcanzables sobre quien debía ser y jamás sería.

Ese pensamiento, por su lado, hacía imposible que quisiera dar pasos para alcanzar una imagen o estatus que no me correspondía en ese momento, y menos si estaba motivado por el odio y el rechazo que estaba generando hacia mí misma.

Recibía comentarios continuos acerca de mi físico. Pensándolo bien, esto fue así desde el principio de la relación, aunque nunca lo tuve en cuenta con seriedad, puesto que los demás aspectos que la conformaban llenaban ese vacío y me ayudaban a ignorarlos.

Un comentario aislado no era de importancia. Sin embargo, cuando comenzó a darle asco mi cuerpo, todas mis alarmas e inseguridades resurgieron como un ejército que me hacía imposible tolerar mi reflejo. Ignoraba mi físico por completo, le cogí el mismo rechazo que mi pareja me tenía y no hacía nada por luchar contra la falsa imagen que veía en el espejo. Acepté como mía aquella sombra, cada vez más descuidada.

Me hacía chiquitita, minúscula, como cuando te tiran el rayo en *Mario Kart*, ante cada comentario de repulsión a todo lo que era, pensaba, hacía o dejaba de hacer.

Me manipulaba para que me quedara en el confort de la relación dependiente a la vez que me lanzaba refuerzos intermitentes esos días buenos en los que todo estaba bien por arte de magia. Momentos en los que la ilusión volvía, mis ganas de seguir en ese camino también estaban por la labor de olvidar todo lo malo vivido. Aunque siempre se recuperaba el equilibrio natural de la relación tóxica con comentarios y actitudes denigrantes y descorazonadores que me destrozaban.

Me apagaba. Mi ilusión, mi ambición, mi alegría se volvían negros como tinta del calamar de *Mario Kart*. Mi propia voz se quedaba en silencio, mis gritos de auxilio eran inaudibles, estaba muda y sin fuerzas para cuestionar mi situación y decisiones.

Oye, ya está bien, que me estás haciendo reír en un momento dramático...

La persona que era, el potencial que creía tener, el esfuerzo y empeño que ponía ante cada desafío, las ganas de dar lo mejor, de esforzarme, de ser feliz, de ayudar…, se esfumaron con el tiempo por creer a la persona que más daño me ha hecho nunca. Aquella que asumí que siempre me querría, que era una amistad pura, que confiaría en mí sin condiciones, que me ayudaría y apoyaría. Se convirtió en el peor enemigo y villano de mi vida.

Me produjo un estado constante de angustia por no saber qué sería lo siguiente que me diría. De ansiedad y alerta cuando recordaba lo que ya me había dejado claro con sus expectativas inalcanzables. De soledad, porque me aisló de forma que desconfiaba de cualquier pa-

labra que no saliera de su boca; daban igual los buenos mensajes de otras personas que sí me querían y confiaban en mí. Asumí que nunca sería suficiente siendo yo misma. Nunca llegaría a cumplir ninguno de mis objetivos. Que no era capaz de cambiar la situación, que ni lo intentara. Me perdí nada más empezar el circuito, estancada en arenas movedizas. Con la mente destrozada e inmovilizada físicamente.

De puertas hacia fuera procuraba que nadie pensara que algo podía estar yendo mal en mi relación. Siempre he sido de no dar mucho la lata con mis problemas.

Para los demás éramos la pareja ideal, irradiábamos felicidad, no podíamos vivir el uno sin el otro y lo nuestro parecía un cuento de hadas. Una relación fructífera derrochaba feliz el amor que se tenían. Como sucedía al principio.

Parecía que no podría deshacerme de esa persona a pesar de intentarlo. Prometo que me esforzaba. Analizaba razonadamente las cosas que no funcionaban, lo que nos molestaba, lo que nos enfadaba y las bombas de discusiones. Lo pensaba con detenimiento y le veía soluciones. Era capaz de volver a lo que era. Trazaba planes que fallaban antes de ponerlos en marcha porque la base fallaba. «Lo que era» se basó en asumir, asentir y nunca discutir. El respeto no estaba. El amor no surgía. El odio era el protagonista.

Me paralizaba. Todos esos planes trazados paso a paso no solo en mi cabeza sino también en papel, nunca llegaban a completarse. A veces daba un paso adelante que nos impulsaba para que, juntos, avanzáramos más. Lo que no veíamos, cegados por la ilusión de que por fin el cambio iba a ser posible, era que esos pasos eran una marcha atrás.

De nuevo, pensaba en lo que podía haber salido mal y urdía (palabra de mayor) otro plan más preciso y elaborado. Me informaba de a qué podían deberse tantos intentos fallidos. Hasta que un día llegaba y arrugaba todos esos papeles que había cuidado con mimo y trazado con esperanza, estrujando mis ganas de seguir intentándolo. Me conformaba. Así era e iba a ser. Y yo tenía que aceptarlo, porque suponía que eso era lo que merecía. Una vida resignada a la incomodidad, acompañada de alguien terrible. Ni mundo de Yoshi ni de Yupi. Era el mundo real.

Tantos años esperando tener una relación buena para acabar aceptando que esta nunca iba a suceder de la manera que esperaba. Que esa persona no iba a construir conmigo la Villa Pantone y si no era con ella, seguramente no sería con ninguna otra. Porque no la merecía.

Esa relación se acabó, por fin, el día que acepté que me merecía respeto. Y esta, *efectiviwonder*, era conmigo misma.

La relación más larga que he tenido nunca con una persona que no aguantaba y no lo sabía era con mi yo, creada por mí y que me caía como el cucú. ¿Cómo te quedas?

33

[Cuida lo que dices] para que tus palabras te aporten y sirvan para construir, no para dañarte y destruir. Suficientes voces internas negativas e inconscientes tienes como para decidir conscientemente tener una percepción negativa sobre ti. [Cuestiona] aquello que te dice tu mente, no te creas lo primero que piense un cerebro acostumbrado a minusvalorarte. [Intenta creer] en que otra versión de ti es posible, una con confianza suficiente para probar cosas nuevas sin sentirse un fracasado en caso de fallar, alguien con una autoestima tan fuerte que ningún comentario superficial le pueda afectar, una persona con una seguridad en sí misma que nada ni nadie la pueda avergonzar. Alguien que se priorice y quiera cambiar por respeto a sí mismo, sin importar que pueda ser percibido como "egoísmo" por aquellos que solían aprovecharse y sobrepasar límites. Actúalo hasta que te lo creas. [Créelo hasta que lo crees.]

de creer   de crear

Espabila

Hace unos meses decidí recuperar la alegría y los sueños que habían desaparecido, plantarle cara a la versión que había creado de mí misma, que no me gustaba nada, y cambiarla de una vez por todas. A pesar de todos los intentos y enfoques fallidos, esta vez en serio. Puede parecer que la decisión fue tajante o de la noche a la mañana, pero en realidad me llevó años de ensayo y error, mucho autoconocimiento, valor y voluntad para enfrentarme a mis bichitos y a las consecuencias de mis acciones después de haber pasado años viviendo sin pararme a reflexionar sobre mis pensamientos, decisiones y acciones. El proceso de maduración había llegado a su fin con un detonante, la llamada a la acción: un diagnóstico de salud. Simplemente no podía seguir dejando que la vida pasara por delante de mí y me arrastrara con ella. Tenía que espabilar, coger las riendas, asumir, perdonar, aprender de mí misma y trabajar en un yo que me cayera bien. Todo esto solo podía hacerlo desde una base que tenía muy perdida y a la que nunca le había prestado atención: el respeto hacia mí misma en todas mis versiones, la pasada, presente y futura.

Al recuperarme a mí, estoy recuperando esa ambición perdida, esos sueños y aspiraciones propias de una persona que quiere vivir... ¿feliz? Me di cuenta cuando empecé a enumerar de nuevo cosas que yo «de mayor» tendré:

«Cuando sea mayor, en la Villa Pantone, tendré sábanas de lino gustositas y con arrugas bien recibidas. También, un mínimo de dos vajillas bonitas: una para el día a día y otra para ocasiones especiales. No, mejor una para el interior y otra más veraniega para la terraza, que no quiero distinguir los días corrientes y los especiales. ¿Por qué no iba a poder utilizar una vajilla bonita para hacer cada comida extraordinaria? Uy, y estas *royal vibes* de casa de indianos también me gustan. ¡¡¡Qué bonito grifo!!!».

Sí, esta vez con cosas tremendamente funcionales, supongo que los delirios acaben llegando y les sigan los pasos necesarios para poder ir alcanzándolos.

Ya hemos hablado de que todos tenemos una Villa Pantone, un anhelo profundo en el corazoncín con el que siempre hemos soñado y que, por cuestiones de la vida, se ha ido borrando.

Pensar en ese lugar, sea físico como una casita o un viaje, o un estado mental de felicidad, calma o energía, te ayudará a definir tus valores y objetivos, así como los pa-

sitos que debes dar para llegar a convertirte en la persona que viva esa vida. No todas las versiones de ti llegarán a habitar en la Villa Pantone, así que hay que espabilar y ser la persona que podrá crearla y disfrutarla.

Desde luego que quien estaba viviendo mi vida conmigo, aquella que no se cuestionaba mis decisiones, actitudes, rutinas y propia existencia, no era quien perseguiría esos sueños conmigo, sino quien los paralizaría por completo. No me merecía ser esa yo. O espabilaba, o espabilaba.

Es una mierda muy grande e injusta que pase el tiempo y veas que aún no has empezado a conseguir todo lo que te habías propuesto. Que la persona que eres actualmente sigue sin llegar a parecerse a la que habías pensado que podrías llegar a ser, la que se fue apagando según hacías lo que «debías», que no has conseguido nada en ninguno de tus intentos por cambiar tu situación. Sin embargo, podemos empezar a trazar ese camino de mosaicos, dar los pasos necesarios para alcanzar metas y llegar a objetivos más grandes.

Y se puede siempre y cuando se parta desde la base correcta, que es a lo que iba. Esa base tan importante es el respeto hacia uno mismo. En él se recogen tus valores, tu propósito, el saber perdonar. Además, soltar piedras de la mochila de aprendizajes de los demás y guardar lecciones propias te ayudará a conocer tu verdadera personalidad, a honrar tu llama interior —ya sea en tu camino profesional o para recuperar tus *hobbies*—, a querer cuidarte y encontrar tu bienestar físico y mental, a conseguir el equilibrio tan deseado por todos y que, a veces, no es posible obtener, a saber cómo funcionas para autorregularte en esos momentos...

Nos escandalizamos con actitudes o comportamientos destructivos que vemos en las relaciones de nuestros amigos, familiares, *realities*..., pero no nos llama ni un poquito la atención el abuso continuo que nos hacemos a nosotros mismos. ¿Por qué? Porque estamos acostumbrados a nuestros bichos. Han crecido con nosotros, se han ido incorporando sin dar mucho el cante, pasan desapercibidos, son parte de lo que somos desde el primer instante en que nos creemos alguno de sus comentarios destructivos. Hay bichos que nacen cuando los mencionan otras personas («Uy, ¿has engordado?»), algún otro se une al club de las voces por comparaciones odiosas («Fulanita ha conseguido el trabajo de sus sueños en Nueva York. ¿Tú sigues en el pueblo como siempre?»), por miedos («No vas a ser capaz de llegar a tiempo, te van a echar, encima no sabes hablar en público, no vas a crecer profesionalmente nunca»).

Primero *Mario Kart*; ahora ¿qué dice esta de bichos?

El concepto de los bichitos nació hace unos años, en mi último curso del grado universitario. Yo, que siempre he sido una persona inconforme conmigo misma, con ganas de actuar ante aquellas cosas que me incomodaban y quería cambiar, que jamás he cumplido con mis planes gracias a que me autoboicoteaba antes de empezar y mi motor de cambio siempre fue el incorrecto (comparaciones, falta de respeto a mí misma, comentarios negativos...), empecé a consumir contenido audiovisual de desarrollo y crecimiento personal en los últimos cursos de la carrera.

Un día, de camino a la facultad de Bellas Artes de la Universidad Complutense, donde estudiaba, un pódcast me introdujo el concepto del autoconocimiento.

«Autoconocimiento, tener conciencia de uno mismo». Para mí resultó curiosa la importancia que le daban todos los profesionales y personas públicas del ámbito del desarrollo y crecimiento personal y profesional porque lo veía como algo muy obvio. ¿Por qué están tan pesados con el tema estos carcas que tienen el doble de años que yo? Si ellos no se conocen, no sé qué han hecho los últimos —inserte cifra— años de su vida. Yo con veinti-los-que-tuviera me conocía, evidentemente. ¿Cómo no iba a hacerlo? Esta gente..., qué pesada...

Me pasé un tiempo al pódcast de *Nadie sabe nada;* me entretenía y dejaba de pensar en los carcas que se auto-desconocen. Recuerdo perfectamente que estaba pasando por la Facultad de Edificación, de camino a la mía, cuando escuché la imitación del sonido del claxon de Berto. Me sigo riendo de pensarlo. Mucho mejor eso que seguir escuchando la matraca del *self awareness*.

Conociéndome, ahora que sí estoy en modo #vivaelselfawareness, veo que evitaba y dejaba los pódcast, audiolibros, vídeos y charlas de lado cuando me hacían preguntarme cositas incómodas. Aaamiga, cómo evito yo las *confronteishons*. Te recuerdo lo de mi relación tóxica, que ya te he contado…

Pero algo había hecho *cliquiticlic* en mi mente. Si todas las personas que me estaban introduciendo en aquello a lo que yo aspiraba, que era cambiar para crecer y desarrollarme a nivel personal y profesional, ser feliz, tener energía…, esos profesionales de la salud mental, expertos en motivación, artistas, científicos y emprendedores de éxito insistían en lo mismo —el autoconocimiento como primer paso para ser la persona que quería, para poder construir y vivir en la Villa Pantone—, tenía que saber si me conocía tan bien como pensaba.

Spoiler alert: conocía más a Ausencio, mi novio, que vivía en otra nación

Abrirte a cuestionarte si te conoces es respetarte. Y resulta que va a ser que sí, que el autoconocimiento es la base del bienestar y, este, de los cimientos de todo lo que tu yo quiere ser. Pero ya entraremos en eso, en este libro se construye la casa por la ventana.

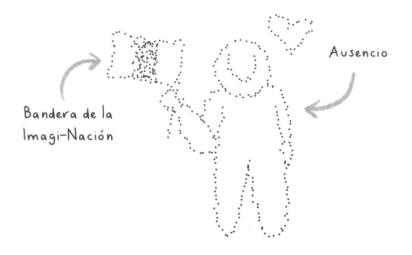

Ausencio

Bandera de la
Imagi-Nación

El autoconocimiento es tener conciencia de quién eres. Es un lío grande y profundo que, si nunca te has parado a pensarlo, consiste un poco en desatar todos los nudos de la maraña de la persona en la que te has ido convirtiendo a lo largo de tu vida. Vamos, que no solo es un embrollo, sino que es un marrón. Es algo difícil, pero como tú y yo podemos hacer cosas difíciles, pues ya está.

Conocer la identidad personal, cómo uno vive, se relaciona, funciona ante diferentes situaciones, cómo reacciona, qué le gusta y se le da bien, qué le aterra y limita y qué emociones le acompañan en sus días es un proceso de reflexión complicado. Y la identidad de uno es un concepto muy tocho. Pararte a pensar en ello viene con el riesgo de que no te guste ni un pelo lo que descubras de ti mismo o incluso que te caigas mal.

En otro arrebato de «quiero cambiar», de esos que siempre planeaba y nunca llegaban, pero ahora ahogada en entregas finales y ansiosa por el futuro incierto, me introdujeron vía pódcast al maravilloso mundo de las emociones. Evidentemente, en ese momento la emoción que más me interesaba era la ansiedad cada vez más intensa que se apoderaba de mí conforme el curso y «la mejor época de mi vida», —que poco había tenido de buena— llegaba a su fin.

En ese episodio separaban la emoción, la ansiedad, de la persona. Explicaban que alguien no es «ansioso», sino que, dado el entorno en el que vive o las situaciones que le acontecen, experimenta la emoción de la ansiedad muy vivamente; muy activa, ella.

43

La ansiedad como emoción no es «mala». Ninguna emoción es mala ni es buena, simplemente «es» cuando tiene que ser. Y puede llegar a considerarse un problema cuando se instala en ti de manera constante, interrumpe el flujo de tu vida tan pichi y roba toda tu atención. Te paraliza, se adueña de tu vida. Si tan solo nos enseñaran a gestionar las emociones...

El caso es que, en ese momento, el profesional de la salud mental que estuviera escuchando —disculpen que no me acuerde, jamás pensé que estaría escribiendo un libro de este temita— explicaba que ante esa ansiedad que experimenta una persona en una situación desconcertante, preocupante o de alarma que casi le llega a paralizar, podía recurrir a imaginarse la emoción como un personajillo que te viene a visitar. Lo que debería hacer para que no le bloquease era aceptar su presencia, agradecer que le quiera proteger, ya que esta emoción existe para avisar al cuerpo de que algo incómodo, terrible o peligroso va a suceder, para que ponga las alarmas y active los protocolos de emergencia por si finalmente pasa y, al final, tranquilizar al personajillo porque lo que iba a acontecer no era ninguna emergencia; tan solo iba a ocasionar un poquito de incomodidad y, seguramente, iba a requerir un muchito de esfuerzo físico, mental o el McCombo de los dos.

Me gustó esta idea del personajillo. Tanto que llevé la personificación de mis emociones al extremo, porque

Despertarme, una expo, un email o probarme los biquinis no son pa alarmarse así, ¿vale?

Pero yo solo quería ayudarte...

Ansiedad angustiosa

una se había abierto a preguntarse si se conocía y estaba en un momento que lo sentía todo y mucho. Fue ahí cuando surgieron los bichitos que valen para todo. Y son unos compañeros in-cre-í-bles en el proceso de autoconocimiento, reflexión sobre la propia existencia y para representar cualquier sentimiento, emoción, pensamiento o actitud. O para crearlos cuando no existan. También empecé a utilizarlos como bichitos motivadores que creían en mí cuando yo fallaba en esa misión.

El bienestar

Los bichitos se tornaron de todos los colores, formas y tamaños posibles a medida que yo descubría las emociones y pensamientos que me acompañaban en mi día a día. Había unos que de manera puntual, como un mosquito zumbando en la oreja, me repetían cosas horrorosas. Pero no me achanté. Me estaba conociendo y estaba dispuesta a saber qué se escondía detrás de esas visitas inoportunas.

El grupito de bichos que me hacían *bullying*, mis voces internas negativas, me destacaban una y otra vez que estaban inconformes con la vida que llevaba, que nunca llegaría a ser la versión de mí que vivía en la Villa Pantone si no cambiaba mis rutinas y patrones de comportamiento y, en definitiva, si seguía permitiendo que ellos campasen a sus anchas por mis pensamientos y me manejasen como a un títere.

Me había acostumbrado a que los bichos del miedo, el impostor, la ansiedad… me tuvieran metida en un círculo vicioso destructivo pero cómodo con millones de excusas para no cambiar mis rutinas por otras que me

Conformismo

Yo solo quería ayudarte...

Síndrome del impostor

Inconformismo

Miedo, culpa, falta de autoestima

acercaran a tomar acciones y así conseguir un bienestar global. Mis decisiones «de mayor» tuvieron sus consecuencias. Y si estas estaban supeditadas (palabra de mayor) por ~~bitches~~ bichos conformistas y comodones, cuando en esta vida nada que merezca la pena y te haga crecer es cómodo, pues dime tú qué tal. Yo, mal. Mi salud física y mental flojeaban.

Todos tenemos unos conceptos básicos de lo que es el bienestar. Evidentemente hay factores que nos afectan, ya sean por la sociedad, la economía, el contexto en el que vivimos, etc. Por favor, quiero aclarar que hablaré del bienestar personal en el que cada uno tenga capacidad de actuación. Hay quienes no viven en un estado crítico en sus naciones, que tienen la capacidad y el privilegio de poder cuidar de sí mismos, porque sí, esto es un privilegio. Y si tú eres un privilegiado que puede acceder a una estabilidad, trabajo, techo, comida, relaciones, salud, desarrollo, ocio…, ya tienes ocho cosas que agradecer ahora mismo. Y es motivo para cuidar y perseguir tu bienestar.

En resumen, el bienestar consiste en estar bien. Llamadme Sherlock Holmes, lo sé, pero es como el autoconocimiento, la obviedad más obviada y olvidada.

Quien vive en un estado de salud y bienestar disfruta de la tranquilidad de una vida con sentido que le satisface, le llena de energía y actúa a su favor y en consecuencia. No era mi caso. Yo me caía mal, mucho, porque vivía en otro estado, el mal estado, como el pescado descongelado y olvidado.

El mal estar era mi zona de confort y estaba superincómoda en él, pero moverme de ahí, con lo acostumbrada que estaba, me generaba un rocecillo peor que el de mis muslos en *short* en verano. Así que pa qué moverme.

Los bichos que me acompañaban en ese momento, aparte de los ya mencionados, eran también el del con-

LOS QUE SE PELEAN SE DESEEEAN

formismo aferrado a su vez al del inconformismo, los eternos peleados. Los bichos contradictorios campaban a sus anchas por mi cuerpo y mi mente y me paralizaban en los momentos en que más acción necesitaba.

El bienestar tiene varios pilares, dos de ellos fundamentales: la salud física y la salud mental. Es así puesto que, si estás hecho un higo seco en cuerpo o en mente, no hay tú que te sostenga y que pueda hacer algo por ti. Hay personas que nunca prestan atención a quiénes son, que mucho menos piensan «cómo están», que no creen en el concepto del autoconocimiento (sí, yo era «personas») y que no se preocupan por cuidar de su bienestar y, por lo tanto, dejan que la vida pase sin vivirla ni cuidarla. Están en modo automático, dejan que los capítulos pasen sin verlos, siguen órdenes y recomendaciones generales. ¿Estás triste? Pues no estés triste. Para qué investigar el porqué de esas emociones, dolores de cabeza, angustias en el pecho y los crujidos de rodilla.

Desde pequeño y hasta la juventud, en la veintena, tienes —por norma general— personas que hacen todo lo posible por mantener tu bienestar y cuidarlo. Te dan educación y amor conscientes (y traumas inconscientes que descubres cuando te abres a conocerte). Sin embargo, según vas creando tu independencia, conociendo mundo, abriéndote a nuevas experiencias, relaciones y

amistades… empieza a depender de ti y de tus propias decisiones mantener con tus pensamientos y acciones esa salud y bienestar. No somos conscientes de todo esto ni de cómo nos afectan nuestras vivencias hasta que llega el día en que evitas mirarte al espejo porque no te reconoces en él.

¿ Sigues ahí?

Continuar episodio

Crear vida

El bienestar, para mí, es llegar a un estado en el que te caes y te encuentras bien: te cuidas, te respetas, trabajas para ti. Y este pensamiento es el único que me ha ayudado a emprender un camino de mejora y crecimiento personal en el que sigo dando pasos día a día. Y puede que te ayude a ti también.

Si, como yo, sientes que esta vida tiene algo más grande preparado para ti, que no estás cumpliendo con objetivos porque no sabes ni establecerlos, ya que piensas que vas a fallar antes de intentarlo, si ya sabes en qué aspectos quieres evolucionar, qué cosas no te están funcionando, las actitudes que no te están acercando a esa versión que quieres ser..., me complace anunciarte que ya estás en la etapa que yo llamo «periodo de maduración». Como una fruta en el árbol, lo importante es que, llegado el momento de espabilar y pasar a la acción de una vez por todas, no dejes pasar ese detonante del cambio y te exijas empezar con esa motivación, pues de lo contrario, si sigues conformándote con la vida como te viene por miedo a ese rocecillo inicial que te supondrá trabajar en ello, acabarás viviendo una vida «podría perdía» a sabiendas de lo deliciosa que pudo haber sido.

El periodo de maduración es distinto para cada persona. Puede que dure semanas, meses o incluso años, como en mi caso. Y puede ser un cambio tan grande o pequeño como cada uno quiera. Hay quien tiene el deseo de modificar un aspecto de su vida, por ejemplo, su apariencia, que su detonante sea un vídeo de YouTube y el resultado un flequillo cortado a trasquilones. Impulsos, consecuencias. En otras personas el proyecto es más grande y el periodo de maduración sirve para hacerse a la idea, investigar dentro de uno mismo el porqué de esas ganas de cambiar, informarse, educarse, y que el detonante sea una fecha límite. O este bichito:

No calculé el hueco jeje

Si el cambio, como el mío, pasa de llevar una vida en estado de malestar, cayéndose mal, a conseguir honrar su bienestar y quererse, el periodo de maduración requiere bien de ese autoconocimiento de las narices, bien de introspección pa uno, pa dentro, bien de deconstrucción y reconstrucción, bien de sanación. Vaya cóctel explosivo, como para no llamar «detonante» a ese impulso.

De las decenas de veces que he pasado a la acción, ha sido en esta última la única en que he conseguido caerme bien. Lo que me ha fallado las demás veces es la razón del cambio y la actitud que tenía ante él.

Desde amenazas a burlas pasando por sobornos, comparaciones, el quiero y no puedo... Todos los intentos estaban faltos de lo más importante para conseguir mantener la actitud y la acción: el respeto hacia y por quien lo hacía, yo misma.

El cambio motivado por miedos, degradaciones, inseguridades... no funciona, no se suele mantener en el tiempo. Pues no es motivo suficiente para superar el rocecillo inicial. Sé que hablo mucho de él, aunque lo desarrollaré un poco más cuando llegue a los hábitos. Recordad que aquí construimos el tejado por la puerta.

Los cambios importantes son aquellos que quieres hacer para mejorar tu bienestar físico o mental, tu buen estado general, porque sin él, no hay tú que crezca en otros aspectos de tu vida: tus relaciones sociales, familiares, tu estado financiero, profesional, espiritual...

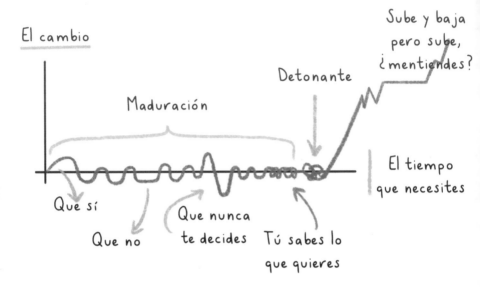

He empezado cambios movidos por amenazas «de broma» que me han creado traumas; otros, influenciados por terceras personas que me han generado inseguridades; algunos, movidos por el odio a mí misma que no han hecho más que crear rechazo a la idea de querer modificar conductas por el sufrimiento y el castigo que les he asociado...

Actualmente, tras haber pasado por un proceso largo de trabajar mi bienestar desde la base, con épocas en las que mi aspecto era lo último en lo que pensaba y teniendo claro lo que me mueve cada día a mejorar por y para mí, puedo incorporar cambios y rutinas más superficiales que tengan que ver con el cuidado de mi apariencia física, porque he descubierto que verme cuidada y arreglada por fuera, impacta en cómo me siento por dentro. Pero no siempre fue así.

Recuerdo vívidamente que, cuando tenía unos ocho años, llegando del cole pasé por el centro de estética que había debajo de mi casa, donde mi madre se estaba haciendo las cejas. Ilusionadísima por enseñarle mi «pulsera de regaliz», la dueña del local me dijo que me acercara a enseñársela.

Como si de un secreto vergonzoso se tratase, me insistió en decolorarme los pelos de los brazos, los cuales jamás habían pasado por mi cabeza como algo que cambiar en mi cuerpo, como algo que estaba mal.

✳ NEW INSECURITY UNLOCKED ✳

LEVEL UP? Or down ...

Años más tarde, al darme sesiones de láser, decidí que una parte vital para eliminar pelo eran los antebrazos. Semejante bobada.

Hoy en día vivo felizmente con mis brazos con parches de pelo, porque reconozco que es un cambio superficial que no impacta en mi bienestar general, tengo mucho que mejorar que no incluye decolorar ni chisporrotear nada en mis brazos.

Merece más mi atención dejar atrás el rencor que le tengo a la tontalculo de la estetición que creó esa inseguridad, que ya he sanado, porque ni siquiera era mía.

Piensa bien en cuántas veces has querido iniciar un cambio movido por otras personas, por sus insistencias y sus propias inseguridades proyectadas en ti y camufladas en un deseo de protegerte, de que no pases por lo que ellos han pasado, de que mejores sus caminos.

Tu bienestar es tuyo, el suyo es suyo. Si otras personas que no lo persiguen te imponen que cambies, es porque ellos no tienen la fuerza que requiere superar el rocecillo y el caos que le sigue. Quien sí tiene ese coraje y te habla de su cambio te inspirará a empezar, igual que tú lo harás cuando lo consigas. Hay muchas cosas pequeñitas en las que puedes trabajar que tienen un impacto directo en tu bienestar global, plantéate ir coleccionándolas poco a poco como los Pokémons, en el orden que mejor se adapte a tus necesidades.

Sol y naturaleza

Nutrición e hidratación

Movimiento y ejercicio

Cuidados e higiene

Desconexión

Socialización

Sueño y descanso

Ocio y hobbies

Re-conexión

Objetivos e ilusiones

Planes y metas

Valores

Reality check

Puede que este sea el capítulo más importante del libro. Es la que yo considero una de las partes más importantes en el cambio o en el camino de la mejora personal. También es algo incómodo de llevar a cabo, para qué engañarnos.

Este es el capítulo en el que te enfrentas cara a cara contigo y con todo aquello que ya intuyes que no funciona, no te gusta o convence de tu vida y de la realidad que has creado, en la que vives cómodamente porque, aunque tengas un nudo interno cada vez más enredado, hay cierta estabilidad en ese caos: es lo que conoces, al fin y al cabo, eres tú y es tu vida. Confort.

Todos los que nos interesamos por saber qué hay más allá de lo conocido de nuestro ser tenemos «momentos bombilla», en los que una luz se enciende en medio de la oscuridad y nos ilumina caminos nuevos o distintos que nunca se nos hubieran presentado, de no ser porque reconocemos que verlo todo negro no nos va. En el fondo todos sabemos que hay una paleta de colores preciosa que nos puede abrir un abanico de posibilidades y oportunidades de cambio a mejor.

En esos «momentos bombilla», que pueden darse al conocer una historia de superación, al escuchar una canción inspiradora cuya letra resuena en todo tu ser, gracias a un libro prestado que te abre los ojos, un viaje para conocer otras culturas, una meditación vibrando muy alto, un silencio…, hay que estar muy abiertos a darse cuenta de qué es aquello que se ilumina, qué significa, qué es aquello que te ilusiona y atrae como para querer hacer lo posible por sentir esa luz de nuevo.

Para mí, leer testimonios de personas inspiradoras que han conseguido salir de pozos profundos, ahogados en razones para no querer luchar por cambiar su situación y ver cómo enfrentaron todas sus circunstancias y no dejaron que estas les definieran es un momento bombilla de reflexión muy potente. Si personas como Viktor Frankl, Mel Robbins o Alex Roca, con situaciones complicadas de salud, financieras, sociales o familiares, han conseguido dar un giro a sus vidas y convertir sus debilidades en fortalezas, ¿por qué no voy a poder yo? *Spoiler alert*: yo puedo y tú también puedes.

Todos en este nuestro planeta, como diría Juan Cuesta, tenemos movidas. Algunas serán movidillas, otras movidazas y otras movidones como camiones. Estas personas que encuentran éxito contando sus historias de superación tienen algo en común: se han atrevido a ver su realidad y a analizarla. Se han sabido adaptar a las circunstancias que no dependen directamente de ellos y han intervenido en todo aquello sobre lo que sí tienen poder. Se enfrentan, van de cara con la vida, se atreven a verse desde fuera. Y eso es di-fi-ci-lí-si-mo. Viktor Frankl encontró que tener la esperanza de que algo mejor es posible podía ser el motor y el camino para ayudar y ayudarse en campos de concentración, que merece la pena luchar por vivir incluso en las peores y más desgarradoras circunstancias. Mel Robbins pasó de estar en la oscuridad ahogada en deudas y ansiedad a ser reconocida como una de las mejores expertas de cambio y motivación del mundo. Alex Roca no permite que su parálisis cerebral y discapacidad física del 76 % defina lo que puede o no hacer, convirtiéndose en un atleta sin límites, siendo el único en el mundo con su nivel de discapacidad en completar una maratón.

¿Cómo no van a resultar inspiradores y a convertirse en personas admirables de las que querrías aprender horas y horas?

Pensamos que la realidad del presente es como es porque «así nos ha tocado», vivimos el causa y efecto, nos escudamos en frases como «Es que yo soy así», «Así me enseñaron», «Así me ha tocado»... y nos enfocamos más en todo aquello sobre lo que no tenemos poder de cambiar —el comportamiento ajeno, vidas ajenas, cotilleos, el alquiler, las contestaciones del compañero, la hora del amanecer o lo que haga la NASA con los extraterrestres en Marte— que en lo que depende de nosotros: nuestro espacio, cuidados, salud, ilusiones, objetivos, pensamientos, comportamientos, hábitos, rutinas…

Para enfrentarte a la realidad que sabes que no te acaba de convencer, o que incluso odias en profundidad, hay que ~~tenerlos bien puestos~~ tener valor y atreverse a estar en tensión e incomodidad con lo que vayas a encontrar. Es sacar muchos años inconformes de debajo de la alfombra que ya empieza a perder color. Es arrancar la tirita para encontrarte un buen pastelazo de pus puede que infectado en profundidad.

Arrancar la tirita rápido no es lo ideal si no quieres que el daño intenso te paralice y evites quitar las tiritas que te vayas encontrando por miedo a seguir sufriendo ese mismo ardor tan fuerte. En este caso, debemos preparar un aceite o vaselina para ir despegándola poco a poco, con menos dolor.

Para enfrentarte al *reality check* y ver por fin la realidad destapada, el bálsamo que te ayudará a pasar el mal trago será una mezcla de perdón, respeto, compasión y apoyo.

El perdón, primero a ti

Un año antes de terminar la universidad trabajaba como diseñadora en un buen sitio con un equipo que me encantaba. También como freelance en varios proyectos. También creaba mi comunidad en redes y mi marca de ilustración para mi TFG. También empezaba un proyecto editorial ilusionante, mi primer libro de ilustración. Al terminar la carrera me mudaba, así que también tocaba buscar piso, ver zulo, llorar. También valorar la opción de vivir debajo de un puente. Encontrado el piso, también se inundó, justo el día que acabamos de decorarlo. También aquapark. También parquet de madera, tablillas explotando como palomitas a medida que la humedad se apoderaba del piso. También hongos, importante detalle. Como no pago el piso inutilizable, también burofax de desahucio. También casi juicio, también ganado.

Luego sale mi libro, también problemas. También mudanza a un piso con suelo. El libro no llega, no existe. También llega, mal hecho. Seguidores suben, también bajan. Creamos tienda y marca, también empresa.

También pandemia. También ansiedad, también negocio, también clientes. También ideas, también crisis, también pandemia. También productos. También redes, también clientes, también ideas, también envíos. También proyectos, también ideas. También pospandemia, recuperación, crisis. También inflación, también miedo, también enfermedad. También familia, adicciones, malas relaciones. También amor. También trabajar trabajar trabajar. También no salir de casa. También ansiedad, también falta de ilusión. Falta de ganas de vivir. También no hacer nada al respecto.

También, tan bien, no estaba.

El verano pasado me atreví a mirarme al espejo a los ojos; no a verme, a mirarme, para hacer una foto para un post de la tienda, una lámina que dice «que te quieras y te adores, venga. Ya». Y supe que había algo a lo que enfrentarme. Me hice la foto y no volví a mirarme más que para verme en mis rutinas cotidianas de higiene.

¿Estaba siendo una hipócrita? Hacía ilustraciones y productos con el fin de ayudar a otras personas a ser más productivas, a quererse, a ilusionarse por la vida... cuando yo estaba siendo lo contrario. Ahora, desde el perdón veo que todas aquellas ilustraciones y láminas eran lo que yo necesitaba ver o leer, pero al ser la creadora, sentía que yo no tenía que aplicarlo, debía ser la mensajera. Que todos estén bien y yo... pues ahí estaba para animarlos.

Ese año ya había despertado en mí un espíritu de mejora personal: ya tenía libros de autoayuda, hacía amagos de cambiar rutinas destructivas y me decidí a ir al médico por fin; mi falta de energía, cansancio, pocas ganas de vivir y mi estado anímico casi depresivo me dieron un toque de atención para buscar la causa. No había cambiado nada, pero me encontraba en el subsuelo. Recordé que de pequeña tuve anemia y asocié mis síntomas a la repetición de los hechos.

Mi resultado fue un hipotiroidismo subclínico de libro. Más pruebas dieron con la causa: media tiroides atrofiada desde nacimiento. La endocrina no quiso medicarme de primeras y me dijo algo muy claro: «Cambia tus hábitos, haz pesas, sal de casa y ya vemos».

Yo había vivido veintipico años perfectamente con mi defecto de fábrica y ahora empezaba a mostrar síntomas reales debido a mi estilo de vida, que me hacía pensar en todo menos en mi salud. Antes que nada trabajo, redes sociales, contestar mensajes, ilustrar, idear, hacer, hacer, hacer... ¡qué salud ni qué salud!

Pues la lie parda. ¿Quién iba a decirme a mí que comer sin pensar en lo que ingería, no moverme, salir poco de casa, dormir mal, pasar siete horas frente a las pantallas consumiendo contenido que me consumía a mí, beber poca agua, no socializar, no jugar, perder la ilusión, alejarme de la gente que me apoyaba, vivir en constante estrés, no tener *hobbies*, descuidar mi higiene, vivir entre el desorden, compararme constantemente, no seguir aprendiendo, no leer, odiar mi cuerpo y situación, no sanar, no cuidar mi salud mental, no viajar, hablarme con desprecio, procrastinar, querer lo mejor para los demás antes que para mí, echar balones fuera y escudarme en excusas... iba a hacerme daño? ¡Era imposible de prever!

Ante la situación de realidad que vivía, muchos intentos fallidos de cambio a mi espalda y el toque de atención de la médico, estalló mi detonante del cambio.

El proceso de maduración había durado años. Siempre supe que la vida que estaba llevando a cabo, en el

a otros

al futuro

al pasado

al miedo

al "y si…"

DEJA DE CULPAR Y ASUME TUS RESPONSABILIDADES

de TU presente

de TU vida

de TU situación

fondo, no me representaba. Y dejaba que pasara el tiempo. Un año atrás lo veía como tiempo de mi juventud tirado a la basura, perdido en la ansiedad y cubierto de un odio y un rencor que ¿cómo me iban a ayudar con el cambio que quería hacer?

Pero en este momento me he perdonado, y por eso estoy cumpliendo con el cambio. Por fin. El rencor y el odio te anclan donde estás o te tiran para atrás. Piénsalo: mientras crecías jamás tomaste una decisión que supieras conscientemente que a la larga iba a ser destructiva, porque de haberlo tenido claro jamás la habrías tomado. No eres bobo. Te dejaste llevar por influencias, por tu círculo, lo que veías en la sociedad, lo aceptado... así como lo que te venía bien, te apetecía y dabas como válido en ese momento, sin pensar en las consecuencias. Y está bien, antes no te molestaba ni te hacía replantearte tus decisiones. Es ahora, con tu conocimiento y descontento presentes, cuando tienes el poder de tomar el control de los hábitos en los que se han convertido todas esas acciones repetidas por tanto tiempo. Es el momento de desconectar el piloto automático y estar presente en la realidad.

Comienza dejando ir el rencorazo que te tienes, hazme el favor. Que perdonas antes a tu ex o a tu amiga los puñales por la espalda que a ti. Perdónate porque nada de aquello que hoy ves como un error fue para herirte conscientemente. Deja ir tus pensamientos rumiantes y *flashbacks* vergonzosos. Olvida las discusiones perdidas en que pudiste haber dicho o hecho. Deshazte del odio arraigado a tu cuerpo. Perdona cada cosa que hoy ves como fallo estrepitoso en tu vida, porque ya ha pasado. De todo has aprendido, aunque no lo veas.

Perdona a ese niño que fue sumiso ante situaciones en las que pudo haberse defendido.

Perdona a la criatura por no saber manejar su frustración.

Perdona al adolescente que, preso de comparaciones e inseguridad, nunca se aceptó como era, que dejaba un rastro de malas contestaciones allá por donde pasaba.

Perdona al inconsciente que esperaba hasta el último momento para estudiar, estaba más a gusto pasando del tema, como tú, como todos.

Perdona al trasnochador por lo que dijo con unas copas de más, porque ya nadie más que tú se acuerda.

Perdona al que se quitó los granos aun sabiendo lo que costaba deshacerse de las marcas, porque solo se guiaba por impulsos.

Perdona al joven que se conformó, porque tenía normalizado estar descontento con lo que uno es y aceptarlo como normal.

Perdona al que nunca pasó a la acción, porque estaba preparándote el camino como quien afloja una tapa de aceitunillas para que el siguiente que lo intente la abra.

Perdónales, respeta cada una de sus decisiones, porque fueron tuyas en esos momentos. Déjalas donde tienen que estar: en el pasado. Llévate de cada situación el recuerdo de haber superado cada obstáculo hasta el momento, de estar aquí, ahora, siendo tú: una persona increíblemente valiente que se enfrenta al presente habiendo soltado muchas piedras. Y suéltalas antes de empezar el camino, porque encontrarás otras. Y hablo de perdón en ese sentido, soltar lastres que te anclan a un pasado pesado, no necesitas pedirte perdón, debes tenerlo asegurado.

Y sobre el perdón a otros, más de lo mismo. Aplica los mismos principios que te aplicas a ti, pero en este caso hay un componente importantísimo: todo aquello que no depende de ti.

Perdona, supera o aléjate de quien no eres capaz de perdonar o de quien no quiere cambiar en aquello que

te afecta directamente, porque seguir tolerando menos-
precios de otros es una forma de faltarte al respeto.

Rencores, odios,
resentimientos, complejos,
quejas, problemas que no
dependen de nosotros...

Inconvenientes, imprevistos,
cambios de planes, palos,
piedras y pozos.

Respétate a ti primero

Es muy fuerte la de faltas de respeto que nos soltamos, y más fuerte aún es la normalidad con la que nos las decimos. Tiene tela. A lo mejor no te viene a la mente ningún momento en el que pienses que te has faltado al respeto, pero piensa en qué te dijiste la última vez que derramaste un líquido sin querer, que se te olvidó cargar el móvil por la noche, echar gasolina...; cuando sin pensarlo dejaste que progresivamente tus espacios pasaran de una silla con ropa sucia a un armario versión gato de Schrödinger, del cual, si no abres, nunca sabrás si se te caerá algo encima; cuando se te acumulan las bolsas de basura porque no las vas a tirar y el paseo te lo das con tres apestosas en vez de con una bolsa, o cuando adviertes cuánto tiempo has llegado a estar dentro de casa sin ventilar, cuánto tiempo has regalado a quien no se lo merecía, cuánta vida has dejado que pase en lugar de vivirla, cómo has vivido inmerso en vicios destructivos...

Insultarse y menospreciarse es lo más evidente, pero hay muchas otras actitudes nocivas no tan obvias,

Te insultas a la mínima cosilla que haces mal o error que cometes sin querer

Te abruma quedar con gente por si te hacen hablar de ti y cuestionarte tu estado real

Te disculpas por todo ya que crees que solo molestas y eres un incordio

Dejas de escuchar tu música favorita y de ver las series que te gustan, pierdes el interés en tus hobbies e ilusiones

No te escuchas

No confías en ti, de manera que dejas de probar cosas nuevas. Te pones etiquetas: patoso, manazas, torpe...

No haces ruido, prefieres estar en silencio y ser observador ya que piensas que tu opinión no importa

Vas de puntillas, prefieres ser transparente en reuniones o eventos, nunca llamar la atención, no te crees importante

No te cuidas

Dejas de comunicar tus problemas, necesidades e incluso de pedir ayuda, piensas que va a irritar al otro, si no puedes solo crees que eres un inútil

No das señales de vida, no hablas o contestas a quien te escribe, crees que lo hacen por compromiso

No te reconoces

como dejar de probar cosas nuevas porque te adelantas al sentimiento de repulsión que te da saber que «no eres bueno», sin ser consciente de que puedes ser simplemente «novato»; tomar las torpezas y despistes como parte de tu persona —«Soy estúpido, no cargué el móvil»—, y no de tu circunstancia —«Estaba tan cansado que se me pasó conectar el móvil»—; tenerte como el último mono en el que piensas tú y el resto; no decir tu opinión o tu pensamiento en una conversación porque de plano crees que tu perspectiva no aporta nada o no importa tu posición, gustos o elecciones, escudándote en que «Soy más de escuchar que de hablar»; intentar no hacer ruido, no molestar, no ocupar espacio, no gastar oxígeno del aire, ser invisible.

Tú importas, pero si no te lo demuestras respetándote tú mismo y constantemente caes en actitudes de menosprecio, acabas creyéndote que eres insignificante y que no eres merecedor del respeto tanto tuyo como de la gente, te dejas ir, te haces al papel.

Tú eres importante, y mereces tratarte, hablarte y cuidarte como tal. Tú eres lo esencial de tu vida, porque sin ti, no hay vida. Tú eres quien la vas a vivir de tu mano hasta el final de tus días; por eso necesitas cambiar la perspectiva de hacer antes cosas para otros que para ti mismo.

Tú mereces rellenar las botellas de agua del frigo, para ti. Emparejar los calcetines o darles la vuelta a los pantalones, para ti. Lavar los utensilios de la cocina, para ti. Organizar tu semana, para ti. Estudiar o trabajar con constancia y disciplina, para ti. Crear unos hábitos saludables, para ti.

Respétate lo suficiente como para alegrarle la vida a tu yo del futuro, al que cuando le vaya a dar el apretón de su vida, tenga papel disponible. Alza la voz para que cuando en grupo vayan a pedir todo para compartir y haya cosas que no te gusten, no te comas la cesta del pan.

Lo que quiero decirte es que este cambio que buscas y necesitas debe producirse desde el respeto profundo que te tienes, que tendrás que trabajar por él si no estás acostumbrado a ocupar espacio o si solo has podido ser tú mismo, fiel a tus pensamientos, en grupos muy cercanos. Que te enfoques solamente en ti, en tus acciones, en tus pensamientos, en lo que depende de ti, antes que en nadie más, porque si no acabas haciendo más cosas

por otros que por ti, aceptando comentarios hirientes por «no ser el raro que no acepta las bromas». Empieza a priorizar todo lo que conserve tu paz, tus valores y tu objetivo de vida. Respétate y defiéndete, siempre y desde la seguridad en la persona que eres.

Respétate como para entender que el cambio que quieres llevar a cabo es lo que mereces, aunque el rocecillo inicial (y no tan inicial) haga que te cueste. Conviértete en una persona que se pone a sí misma por bandera, que sabe que, por supuesto, hay espacio para otros, pero después. Primero tú, en plenitud y armonía con la vida, trabajando por y para ti, y después los demás.

Entiende que no puedes dar a otros sin estar tú completo, y que, cuando lo estés, podrás dar a otros sin vaciarte.

Una vez entendido que el perdón a ti mismo es esencial y que el respeto a ti mismo es la guía de todo tu camino de autoconocimiento, crecimiento, cambio y mejora personal, entramos en otro aspecto clave a tener en cuenta: la compasión.

La compasión

Ser compasivo con uno mismo surge de haber integrado ya las dos cuestiones anteriores: perdonar te abre los ojos a mirarte con respeto cuando la líes, que te aseguro que lo harás. Hay momentos en los que llevar a cabo un cambio de la realidad que vives supone un choque-galáctico-cataclismo-sideral, no un mero rocecillo, y eso puede afectar a la hora de iniciarte en el cambio o de volver al ruedo una vez que sales sin querer. Hay momentos malos, duros, en los que todo se te desmorona encima y debes tener tacto con cómo te relacionas contigo y con la situación, para no exigirte lo que supondría un esfuerzo titánico *vaciadorrr* de energías y ganas, y que tampoco te lleve por el camino de la víctima *pobessshita*.

No hace mucho, queriendo expresar este mismo concepto en un vídeo de Instagram, se me ocurrió que en nuestra vida debemos ser nuestras propias animadoras, siempre dispuestas a levantarte el ánimo tras un partido perdido desde la comprensión y el cariño al equipo, que entienden que los rivales también son fuertes y que las circunstancias pueden variar los resultados, y que también están para darte energía durante el partido, levantar pompones de colores y ser las motivadoras oficiales... y al mismo tiempo ser nuestros entrenadores, que planean, practican, crean estrategias, confían, animan y lo más importante: no te dejan flaquear o confiarte cuando hay buenos resultados, ni derrumbarte si los hay malos.

Y es que, ojo porque hay una línea muy fina entre la autocompasión y la permisividad, y es peligrosona, porque pueden aparecer disfrazadas la una de la otra. No debemos sacar el látigo castigador ni tirar la toalla a la mínima mala racha, al primer golpe o al no obtener resultados aun haciendo lo que debemos. Te prometo que se pueden tener días malos, fuera de la rutina que estás construyendo, pero vigila que no resulten en semanas caóticas o en la vuelta a hábitos destructivos que habías empezado a dejar de lado.

Ojito con el papel de víctima

DE:
VÍCTIMA

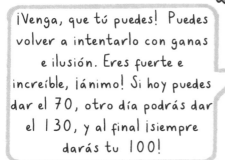

¡Venga, que tú puedes! Puedes volver a intentarlo con ganas e ilusión. Eres fuerte e increíble, ¡ánimo! Si hoy puedes dar el 70, otro día podrás dar el 130, y al final ¡siempre darás tu 100!

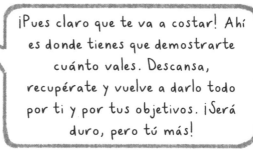

¡Pues claro que te va a costar! Ahí es donde tienes que demostrarte cuánto vales. Descansa, recupérate y vuelve a darlo todo por ti y por tus objetivos. ¡Será duro, pero tú más!

La frase «es que lo intento y duro dos semanas» es un claro indicio de que algo estás haciendo mal, ya sea falta de plan, no elegir el momento desde el realismo y la compasión, poca tolerancia a la incomodidad, permisividad excesiva, extremismos de «o todo o nada», hacer un cambio de 180 grados de la noche a la mañana...

Si quieres cambiar, eres plenamente capaz. Mira hasta dónde has llegado con todo lo que has vivido que pensaste que no serías capaz de superar. Eres fortísimo, y es increíble pensar en el camino que ya has trazado, los obstáculos que has esquivado y los leñazos que te has metido y te han hecho crecer. Déjate de bobadas de que no puedes hacerlo, claro que puedes. Elige el momento de pasar a la acción o deja que te elija, pero mantén tu palabra y promesa.

La compasión entra en juego en el momento de pasar a la acción, de no forzar tu detonante. *Let it flow*.

Yo no soy fumadora, crecí odiando el tabaco debido a mi madre que fumaba muchísimo. Recuerdo que cada vez que bajaba la ventanilla del coche suplicaba que no se encendiera un piti, pedirle una y otra vez que dejara de fumar, amenazarla con que, si no lo dejaba antes de los cincuenta, no conocería a sus nietos (sí, yo era un bicho malo, pero por su bien).

Lo intentó varias veces, recuerdo la alegría el día que me lo dijo la primera vez, contábamos las semanas y meses que pasaban y que ella seguía sin fumar. No daba crédito a la felicidad. Ella empezó a fumar jovencísima. Si un hábito ya es difícil de cambiar, no me imagino lo difícil que resultará romper con un vicio. Me suena que lo sustituyó por regaliz de palo.

Entonces un día, mientras estudiaba, desde mi cuarto vi humo saliendo de la ventana de la cocina. Mi habitación da a una salita de estudio, y esta al patio, al mismo que la cocina. Ese humo tenía un significado, como el de las elecciones de papa. Ese humo significaba... ¡¡¡TRAICIÓN!!! Es broma, pero en mi corazón sí fue un poco doloroso. Me pareció fatal. Como afirman todos los que vuelven a fumar, me dijo que solo fumaría en el patio o la ventana. Claro, esto hasta que llegó el invierno a León e inhalaba a -7 grados. Luego le dio por el tabaco con bolita de sabores. Todo lo que no pareciera tabaco convencional le servía de autoengaño.

Recuerdo una vez que no había reservas de cigarrillos de este tipo y llamó a todos los estancos de la ciudad y de pueblos colindantes (y no tan colindantes) para ver si tenían de su tabaco con bolita de sabores. Les pedía a conocidos que viajaban fuera de la provincia que le compraran cartones.

Desde luego que no era su momento de dejarlo. No tuvo compasión con ella misma, la tuvo conmigo, una hija asqueada por el tabaco que la había acompañado en el crecimiento. No lo hizo por ella, lo hizo por mí. Quizá había situaciones más importantes en las que pensar que en dejar un vicio por mí. Porque ella no quería realmente. Por supuesto que la idea de dejar de fumar siempre estaba latente, pero se necesita mucho conocimiento y razones de peso para dejar algo que te tiene tan tan tan atado.

Años más tarde, en uno de los momentos más estresantes de la historia de la familia —mi selectividad—, llegaba a casa agotada después de hacer tres exámenes chupaneuronas para encontrarme a una madre que había decidido unas horas antes dejar de fumar. Así: plas.

Mi cansancio mental no daba crédito a la situación. «¡Que he dejado de fumar!». Y yo mirándola en plan qué me estás contando… «¡Mira, mira!», decía enseñándome el tabaco partido en la basura.

¿Su detonante? Una limpieza dental. Así como lo lees. Sintió tan limpios los dientes que pensó: «Pa qué mancharlos», y ocho años más tarde… ahí sigue, sin fumar y con permiso para conocer a sus futuros nietos.

Solo puedes ser entrenador de ti mismo, y animador de quien lo necesite, quiera o merezca. Y aquí entramos en el último punto de las necesidades para hacer tu *reality check*: el apoyo.

¿Y qué si sale mal? Es una opción... Puedes ponerlo todo de ti para mejorar una situación, dar, dar y dar lo mejor que tienes, vivir con una actitud de oro, ser optimista, seguir luchando sin parar... Y no conseguirlo. Porque hay cosas que por muuucho que lo desees, no dependen ni dependerán de ti, ni de tu esfuerzo. Tendrás que aceptarlas y adaptarte a ellas. Vivir con tus circunstancias, no luchar contra ellas o usarlas como excusa, siguiendo con la misma actitud ganadora que cuando creíste poder hacer algo para cambiarlas. Tu esfuerzo siempre merecerá la pena, sea o no el resultado que esperabas, tendrás la certeza de lo que eres capaz de hacer cuando te enfocas en algo. El rechazo, el fallo, no alcanzar lo propuesto con las herramientas de las que dispones, no es un fracaso es una redirección: hacia nuevos objetivos o hacia nuevas maneras de llegar a ellos.

Apóyate en tu gente

No estás solo, aunque así lo creas o incluso aunque lo desees inconscientemente. Muchas veces acabamos alejándonos de las personas que podrían servirnos de apoyo e impulso por miedo a hacerles perder el tiempo, ser una carga o un estorbo. Si tienes en mente la idea de que eres alguien completamente independiente y que en esta te has metido tú solo y debes sacarte de la misma manera, piensa en todas las veces que te caíste de pequeño y te curaron las heridas, que te pusieron crema en las quemaduras del sol a las que no llegabas, que te explicaron varias veces algo que no entendías, que te llevaron y trajeron a diferentes planes o destinos. Por supuesto que podrías haberte arreglado solo o haber vivido situaciones distintas para nunca depender de nadie, pero tuviste la suerte y el privilegio de contar con personas dispuestas a ofrecerte su ayuda y tiempo, y a hacerlo con gusto y cariño, sin pensar en que eras una carga, una molestia, un estorbo. Y sí, a veces el primer pensamiento cuando te piden un favor es negativo, porque quizá interrumpa o modifique tus planes, pero la importancia que le das a la relación con esa persona y lo que te llena saber que puedes ayudarla son razones de peso para poner de tu parte y ayudarla.

No, no eres una carga, una molestia, un abusón de la confianza por pedir ayuda o un favor a alguien cuando lo necesitas. Por supuesto, ellos tienen derecho a decir que no. Pero puedes probar tú solo a intentarlo, recoger la experiencia, darte cuenta de que no vas a ser capaz de conseguirlo sin ayuda y abrirte a la necesidad de que te echen una mano.

Muchas veces nos comemos los problemas, preocupaciones y situaciones desagradables en soledad por eso precisamente, por no sumar cargas mentales a otros, no poner más piedras a sus mochilas, que ya pesan. Yo misma era de esas personas que compartían solamente los momentos buenos, guardándome para mí los que eran más tristes, desagradables y los que me apagaban. Fueron muchos los años en los que las inseguridades, voces internas negativas, preocupaciones y ansiedades me devoraron en silencio. Acabé descontenta con quién era a causa de mis decisiones. La vergüenza de admitir(me) que había tomado muchas de incorrectas podía con mi orgullo lo suficiente como para no compartirlo de ninguna manera con otras personas y no pedir consejo, ayuda o auxilio. Yo debía tomar el control, debía importarme a mí misma lo suficiente como para cambiar mi situación. Pensaba que a quién le iba a importar saber lo que me sucedía si pasaban los días, meses, años y no hacía nada al respecto. Me daba vergüenza a mí misma y con eso era suficiente, y no quería dársela a personas que me importaban.

Las expectativas con las que has crecido, la esperanza que otros depositan en tu vida y la responsabilidad que sientes por cumplirlas puede llevar a decepciones, tanto tuyas como de otros si no consigues esas metas o decides no perseguirlas. A veces estas expectativas son tan altas que no sabemos ni cómo gestionarlas, rechazándolas por no querer seguir sintiendo la presión de cumplirlas.

Crecemos con ideas sobre quién «deberíamos ser» o dónde «deberíamos estar» a nuestra edad o situación, comparándonos constantemente con otras personas, cuyas situaciones y circunstancias desconocemos.

Lo que otros esperan de ti puede a veces cegar lo que tú deseas de ti mismo, asumiendo que eso que quieren para tu vida va a ser lo mejor para ti. Nos ponen las expectativas tan altas, que ignoramos los éxitos que nos van llegando, presionándonos de más para conseguir llegar a la meta mientras nos vamos perdiendo en el camino.

Fallar habiendo tomado nuestras propias decisiones nos hiere el orgullo, ¡como para compartirlo con quien tenía otras expectativas para nuestra vida, qué vergüenza!, pero el orgullo no sirve de nada. Podemos cometer errores solos y solucionarlos acompañados. Y sí, aunque la realidad es que nadie va a venir a arreglarte la vida, puedes ayudarte de quien te quiere. Y aunque nadie va a llegar a salvarte, no te cierres cuando otros crean en ti. Tu vida es tu responsabilidad, tus consecuencias son fruto de tus acciones y decisiones. Si no estás conforme con ellas y sigues haciendo y pensando lo mismo, obtendrás lo mismo. Eres tú, contigo y por ti. Nadie va a venir a decirte que te levantes y vayas a hacer ejercicio. Nadie va a decirte que dejes el móvil o que no pospongas la alarma. Que recojas o que te pongas a estudiar, mandar currículums, hacer tu portafolio. Si tú no vas a por lo que quieres, no lo vas a tener jamás. Si vas, el «no» es solo una de las opciones.

La realidad del cambio puede ser desagradable y solitaria si te cierras en banda a todos aquellos que te ofrezcan su perspectiva o experiencia. Yo te pido que no te alejes si alguien viene, te ve, y te ofrece su ayuda. Porque, aunque lo creas, no estás solo en esto. No tienes por qué alejarte de todos aquellos que no estén en tu mismo camino, no quieras que lo estén. Lo bonito de esto es contagiarte de la ilusión de quien va por delante para que quizá tú luego puedas hacerlo con quien venga por detrás.

Lo mejor que he podido hacer en mi cambio ha sido dejar de lado la impotencia de reconocer mi incomodidad con respecto a quien me había convertido y tener la posibilidad de hablar de mis retos personales en un entorno seguro. Las vergüenzas desaparecen cuando las cuentas en el lugar correcto y con personas que te quieren. Por supuesto que a mí nadie me ha dicho que espabile, que me ponga a leer, que no esté triste o que haga ejercicio, aunque hubiese dado igual porque el primer impulso y la decisión debían salir de mí. Pero he tenido el apoyo de los míos cuando les he contado lo mucho que me cuesta, odio el rocecillo que me genera, o lo lenta que voy avanzando.

Así que, resumiendo, tan cierto es que nadie te va a resolver la vida como que contar tus problemas y preocupaciones a las personas correctas es algo poderosísimo. Al importarles, querrán mover cielo y tierra por ayudarte, aunque tú lo único que necesites es que te escuchen y alivien el pesar que te causan esos problemas. Al conocerte, reconocerán en ti pensamientos y formas de actuar repetidas, sabrán leer cuándo estás flaqueando, pensando de más y cayendo en los mismos círculos viciosos. Al quererte, te animarán a reconocer cada cosa que haces bien, a mejorar las que tienes que trabajar, te ayudarán con gusto ofreciéndote aprendizajes de experiencias similares y posibles soluciones de lo que a ellos les ha funcionado anteriormente, puede que esto te dé otra perspectiva sobre cómo afrontar tu problema, que te abra los ojos a realidades que no te habías planteado.

Tu red de apoyo serán tus animadores cuando tu versión animadora-entrenadora flojee. Al importarte sus ánimos y la fe que depositan en ti, tendrás un impulso al que acudir cada vez que falles y tengas que volver a encaminarte. Tú solo puedes animarte y entrenarte mucho, pero no todo el tiempo. No hace falta, de verdad.

Tienes que encontrar a las personas que formen esa red, puede que sea tu familia, puede que sean tus amigos o puede que te sorprenda quién acabe formándola. Yo nunca he sido de contar las cosas que me pasaban y preocupaban en casa, mi madre me decía que «debía de tener un mundo interior muy rico», y creo que conforme fue viendo mis creaciones e ilustraciones ese mundo empezó a ver la luz, pero nunca hablé en persona de aquello que ilustraba.

En mi caso, mi red de apoyo para hablar de mis preocupaciones han sido mis personas más cercanas: amiga, novio y prima. Aunque hoy en día me siga costando exteriorizar y tenga que recordarme la frase que mi amiga siempre me repite cuando le digo «perdón por la chapa»:

QUE PARA ALGUIEN QUE TE QUIERE, NADA DE LO QUE TE PREOCUPE ES UNA CHAPA, ¡¡¡CHAPAS!!!

Algo de lo que me he dado cuenta en mi camino de cambio de hábitos, mejora y crecimiento personal es que, una vez que te abres a reconocer tu realidad sin tapujos, no tienes miedo a exponer los problemas en los que estás trabajando y te abres a otros contándoles tus luchas sin importar lo que piensen, empiezas a crear lazos fortísimos que quizá nunca hubieses imaginado.

¡No sabéis la cantidad de personas, conocidas y desconocidas, que he encontrado en situaciones similares, que quieren llevar a cabo procesos de cambio parecidos al mío cuando he hablado de que estoy trabajando en ello! Se les ilumina la mirada al ver que no están solos, que pueden reconocer sin vergüenza alguna sus ganas de cambiar.

Si no hablas de tus preocupaciones no vas a encontrar personas a quienes les atraigan las soluciones que tú pruebas para remediar tu situación. Una vez que comienzas a reconocer lo que te pasa y lo que te preocupa, iluminas al resto de la gente un camino de posibilidades ocultas en la oscuridad de su soledad ante sus problemas. Compartir angustias y cargas mentales con otros te abre un abanico de soluciones, te da la paz de saber que no estás solo, que otros han pasado por ello. Que hay más de una forma de solucionarlo que quizá nunca hubieses intentado de no haberlo hablado con alguien.

Tengo la suerte de tener varias buenas amistades, una de ellas es de esas personas que quiero tanto que nunca desearía ser «una carga» con mis problemas, porque cada uno navega esta vida con los suyos, y suficiente tiene con ellos.

Hace un año aproximadamente me abrí por completo con una amiga y sin pagar entrada se llevó la *full experience*: lágrimas, mocos, no poder respirar ni hablar del llanto incluido. En un momento que recuerdo como uno de los peores de mi vida, de completo cuadro de ansiedad diagnosticado por una profesional, mi amiga con su calma, experiencias y queriendo lo mejor para mí, me dio una perspectiva nueva y herramientas que a ella le habían funcionado para mejorar una situación similar en su pasado. Esa conversación me cambió la vida. Ante mi angustia completa ella me devolvía calma y esperanza. Supongo que por dentro debía de tener un remolino de sentimientos al ver a su amiga en ese estado, vi algún ojo lloroso, pero tenía tanta confianza en mí que solo me devolvía palabras de comprensión con esperanza e ilusión.

En ese momento yo había llegado al punto en el que todos mis problemas ignorados desde hacía años y sin tratar me sobrepasaron en todos los aspectos: personal, de salud, social, profesional… Y ella me ayudó a poner orden en mi cabeza y ver las posibilidades de cambio a mejor, eliminó la presión de los problemas, me ayudó a ver en mí la posibilidad de ponerle solución a lo que yo creía perdido. Recogió la toalla que había tirado y me la volvió a poner en el hombro.

Yo era quien debía ponerme en marcha, pero en ese momento no lo veía posible. Confié en que ella confiara en mí para dar el primer paso, el segundo lo di para así poder compartir mis avances y mejorías. Quizá sea yo la que te dé ese impulso con estas palabras, a mi me tienes en tu equipo.

Cambiar por y para ti y compartir el resultado de una versión mejorada de ti con tus personas no tiene precio. Y esas personas puede que las encuentres en tu propio hogar, y puede que no sea así y sean antes amigos que familia, o desconocidos que amigos. Lo importante es que te sientas seguro y tu corazón esté en calma con ellos.

Tu gente quiere celebrar tus éxitos contigo.

Tú puedes solo, por supuesto, pero ojo con lo que mola ir bien acompañado, compartir vuestros éxitos y celebrarlos como propios.

Mereces caerte bien

Mereces ser una persona alegre que se caiga bien y se priorice, que se encuentre generalmente saludable y enérgica, tenga ganas de cumplir con sus tareas, socializar, disfrutar de *hobbies*, que trabaje con ilusión en su futuro… Genial, estamos de acuerdo en que esa es la imagen perfecta de una persona en paz. Ahora, si tú estás lejos de tener energía para afrontar tu día a día, a ver cómo empiezas a querer ser alguien que trabaje en sí mismo y no solamente en su trabajo.

Ya hemos hablado de abrirte a reconocer que no estás conforme con tu vida y con la persona que eres, sobre la importancia del autoconocimiento, empezar a pensar por y para ti, sentar las bases en el respeto, tener compasión a la vez que un poco de mano dura, saber que no estamos solos.

Antes de compartirte una guía básica sobre cómo comencé yo mi cambio y lo mantuve, voy a removerte algo por dentro. Estas palabras son desde el cariño y el respeto profundo que te tengo por atreverte a seguir leyendo, porque mereces que alguien que ha pasado por todo lo que has leído de historias de hartazgo con su ser, y que ha conseguido adentrarse en un camino hacia el crecimiento personal, y seguir en él a pesar de los desvíos, retrocesos, frenazos, caídas, subidas y bajadas, te diga que tú también puedes empezarlo y conseguir crear el tuyo.

Dijiste, como yo lo hice, tantísimas veces que empezarías «pronto», «el lunes», «el 1», que «este año lo harías», «cuando cumplieses los x años»... y aquí sigues, ese tiempo ya ha pasado, no vas a recuperarlo nunca, y tú no has empezado.

Lo peor no es no haber empezado, es la cantidad de veces que con tanta facilidad has fallado a tu palabra. Como si no valiera ni importara. Te has prometido una y otra vez un cambio a mejor, porque es lo que necesitas y mereces, y como si no impactara en tu vida presente y futura sigues tomando decisiones que apoyan la gratificación instantánea antes que posponerla con voluntad. Piensas que mañana serás más fuerte, tendrás más ganas, cuando en realidad es en esos momentos de más debilidad cuando nace y se afianza tu versión más poderosa.

Deja de posponerlo, date un toque de atención y empieza. Quien no vive el sentimiento de incapacidad e inmovilidad por lo abrumador que es empezar no lo entiende, pero yo lo he sentido y, por el amor de Dios, lo sigo sintiendo cada día. Por supuesto que estaría en-

Que si no cambias tú, nada va a cambiar. No puedes pretender recibir otros resultados? haciendo y diciendo lo mismo una y otra vez. Si buscas consecuencias diferentes, has de hacer las cosas de otra forma, o dejar de perseguir aquello que no hay forma de que hagas. Es normal que te agobies y lo veas como un imposible. Es normal querer rendirte si empiezas el cambio de golpe. Hasta la cima se llega escalón a escalón, paso a paso, con descansos y retrocesos si lo ves necesario. En tus cambios nadie te manda. En tu vida nadie decide por ti. En tus objetivos no puedes "fallarle" a nadie más que a ti. En tu camino tu eliges quién te acompaña, ¿qué zapatos usas? y con qué instinto te guías. En tu rutina, quien dice "basta" eres tú. Quien se plantea el nuevo día eres tú. Y quien se entrometa, puerta. Y si sabes que necesitas cambiar y ahora no sacas fuerzas, ¡tranqui fiera! que tu cuerpo manda y tu mente sabrá cuándo sea el momento. Take a chill pill cantada de dejar de pensar en mi bienestar general futuro y tomar decisiones en función de mi bienestar inmediato, pero no encaja con quien quiero ser. Por supuesto que pospondría la alarma hasta el fin del mundo cuando suena cada mañana, me zamparía de una sentada todas las galletas de caramelo que me trajeron de souvenir de Ámsterdam o compraría todo mi carrito de Zara online. Pero no quiero ni pensar en lo que supondría para mi bienestar físico, mental y financiero.

Te digo que tú puedes superar el rocecillo inicial y que no es para tanto.

No esperes. No tienes que hacer un cambio radical, empieza tomando una sola decisión simple que te vaya a acercar a tu cambio. Estás a una decisión. Ante todo, el caos que ves y en el que vives desde hace tiempo, una elección distinta puede ser el detonante de muchas más. Cuando pienses que no tienes control ante la situación: decide por y para ti.

Empieza haciendo algo que ayer no hiciste. No tiene que ser nuevo, ni espectacular. Haz cosas distintas o lo mismo de maneras distintas. Altera el caos, intervén sobre él a tu manera. Sé el creador de un nuevo desorden en tu vida caótica, quizá resulte en orden con el tiempo.

Alcanzar tu potencial, tu cambio a mejor, requiere hacer cosas y superar barreras tremendamente incómodas. Rétate y convive con la incomodidad, aprende a hacer cosas difíciles como aprendiste en su día a caminar, leer o calcular tangentes. Cuando pienses que no te va a servir para nada en el futuro, quizá sea verdad, porque yo hasta ahora no he necesitado saber el coseno de nada.

Lo gracioso es que sé que sabes perfectamente lo que debes hacer. Sabes de sobra lo que quieres cambiar, lo que funciona y lo que no, lo que odias y lo que deseas, pero no te has atrevido a confirmártelo, a decírtelo en alto. Si está en tu mente, puedes ignorarlo. Sigue siendo un secreto entre tus pensamientos y tú. Por eso te escudas en que empezarás cuando sepas lo que debes hacer, buscas información, te chupas todos los vídeos de rutinas de personas que tienes como referentes... Te puedo asegurar, como procrastinadora profesional en desintoxicación, que el 90 % de tu proceso de supuesta planificación, investigación de opciones posibles para tu mejoría, para tu proyecto, para tu cambio, tus decenas de apps descargadas que supuestamente van a ser la herramienta definitiva para cambiar tu vida, las horas de vídeos con tips de personas que han cambiado que consumes... es pura procrastinación disfrazada de productividad y no hace más que posponer la acción, *sorry*, alguien tenía que decírtelo. Yo también he pasado por ello. No necesitas una libreta para organizarte, tienes que elegir mejor tus acciones del día. No necesitas ordenar y limpiar la casa antes de ponerte a buscar trabajo, búscalo en el mismo caos donde has vivido hasta ahora. No tienes que hacer una purga de papeles desordenados, tienes que ponerte a estudiar. No tienes que comprarte unas zapatillas nuevas, tienes que empezar a moverte con las que tengas que hasta ahora no te han impedido hacer nada.

En la acción es donde se aprende y con los aprendizajes que te vayan surgiendo sobre el camino y sobre ti mismo es con lo que tienes que planificar para continuar. Una vez metido en faena es el momento de empezar a actuar, aunque solo sea un pie, ya verás dónde dar el siguiente paso viendo cómo está la tierra que pisas. Encuentra qué es lo que te frena y aterra y enfréntate con valentía.

Siempre hay un tonto que llega lejos y eso es porque se atreve y pasa a la acción.

Es cierto que el miedo llega a paralizar, pero no puede seguir frenándote. Empieza con miedo y te darás cuenta de todo lo que no era para tanto. Aprenderás que tú puedes hacer cosas difíciles e incómodas y que ahí está el verdadero crecimiento. Confía en que puedes crear otra versión de ti.

Si pasas tus días en un estado angustioso, con ansiedad, no estás conforme, te encuentras vacío aun teniendo todo lo necesario... Puede que en el fondo sepas que tienes un potencial que no te estás esforzando en alcanzar. Y eso te desespera, te roba la esperanza y la energía, harto de seguir viviendo en un estado por debajo de tu potencial. Sabes quién quieres ser y ni te pareces a esa persona. Te sientes paralizado, no sabes cómo empezar y eso te paraliza más. Sigues en el bucle de constante búsqueda de información e inspiración pero nunca actúas, te falta confianza, valentía. Te ves fallando antes de intentarlo. El vacío se hace más grande. La frustración se magnifica, porque tú sabes con certeza que eres capaz de dar más por ti. Haces más por otras personas que por ti. Das más atención a lo que pertenece a otros que a lo que te debes a ti.

Mereces el esfuerzo de dar todo por ti, por crear un «tú» que te encante, que admires, que te caiga superbién. Tus acciones no concuerdan con esa versión de ti, ni con la energía en la que vive esa persona que aspiras a ser. Deja de posponerlo a mañana, porque mañana ya es hoy. Las noches se tornan en inspiración y la mañana, en posibilidad para el día siguiente, a ver si entonces hay suerte, energía o motivación.

La frustración crece según pasa el tiempo y te ves atrapado en una espiral de sufrimiento con una mente que te machaca por no pisar el acelerador. Esa misma

A PROBLEMAS, SOLUCIONES

Escribe lo que te preocupa. A continuación, escribe si depende de ti y si puedes hacer algo al respecto, así como de 3 a 5 posibles soluciones. Comprométete a probar alguna.

PROBLEMA

¿DEPENDE DE MÍ?

¿PUEDO HACER ALGO?

SOLUCIONES

- •
- •
- •
- •
- •

mente es la que frena y desconfía. ¡Qué jodía! Quizá el motor debe ser el corazón. El amor. Que te mueva el amor que quieres llegar a sentir por la persona que lucha cada día por crear una versión un poco mejor que la anterior. Es duro porque estás rompiendo contigo. Dejando ir muchas de las cosas que has construido en muchos años. Deconstruyéndote para reconstruirte.

La motivación siempre está dentro de ti, porque es el respeto que te debes, las ganas llegan al pensar en dejar de vivir una vida que no te hace feliz, con una persona que no te representa. Una vez comiences a confiar en que eres capaz de hacer aquello que te planteas, las ideas, los recursos y las soluciones van surgiendo con facilidad.

No es tarde para que empieces. Seas adolescente, adultescente, treinteenager, o adulto de mayor. Sea cual

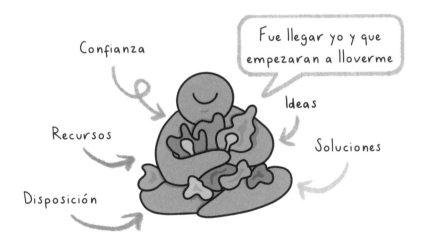

sea tu situación, circunstancias, edad, condición, mentalidad… Puedes tomar una mejor decisión que ayer con el fin de alcanzar poco a poco tu bienestar, tu cambio a mejor. No te des por vencido antes de intentarlo. Es difícil creer en la posibilidad de un cambio de quién eres, pero más difícil es vivir con rencor a ti mismo por no haber querido cambiar la situación.

Esto no significa que todos los días debas cambiar algo o mejorar sí o sí. Todo son etapas y saberlo también sana. Pero tu temporada de insatisfacción ya está siendo muy larga, si no no estarías leyendo esto. Empieza, empieza suave. Que ese primer impulso y energía de superación te lleve a continuar. Continúa suave. Que esa energía de haber continuado te ayude a seguir. Día a día. Actuando, pensando, pausando, continuando… progresando. Igual que los círculos viciosos negativos se retroalimentan, los positivos también pueden hacerlo.

Empiezas dudoso pero con energy del detonante

No retrocedes aunque parezca que sí...

En realidad te preparas para coger impulso

Para por fin disfrutar de resultados. Y se repite el ciclo de evolución continua

Me encanta compartir mis *insights* contigo, pero no tengo el poder o la magia para transformar tu vida, ni quiero esa responsabilidad. Yo no soy tú, igual que tú no eres yo. Tienes que reflexionar sobre tu vida siendo tú, conocer tus fortalezas, debilidades, capacidades y trabajando la resiliencia. Vaya palabra de adulto, de mayor…

CÁETE UN POCO MEJOR

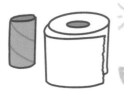

Bebe agua y rellena las botellas

Cambia el rollo de papel y tira el tubo, no lo dejes por ahí pululando

Tira la basura y el reciclaje y pon bolsas nuevas

Recoge el fregadero pa que no se te acumule

Planifica y prepara todo lo planificable y preparable

Póntelo fácil

Ordena la ropa limpia y recoge la sucia del suelo

Haz la cama y dobla el pijama, bien doblado, para que cuando vayas a dormir veas que has pensado en ti

Empecemos a cambiar: autoterapia

Como hablábamos anteriormente, el autoconocimiento y el bienestar personal son la base para animarte a empezar y continuar en tu cambio, que se convertirá en tu estilo de vida. Al no estar acostumbrado a trabajar tú, contigo y por ti, lo puedes tomar al principio como un reto. No hay nada más satisfactorio que comprobar que eres capaz de superar retos autoimpuestos, no rendirte en una promesa, no fallarle a tu palabra.

Una herramienta que puede venirte estupendamente en todo el proceso de autoconocimiento es lo que yo llamo un «cuaderno de Autoterapia», sí, siempre con el toque de independencia con el «auto-todo».

Se trata de un cuaderno de dimensiones y diseño de página a libre elección, que será tu fiel compañero. El Sancho de tu Quijote, el que te muestre la realidad que esconde tu mente. El cuaderno estará exclusivamente dedicado a ti, sin escrúpulos, contendrá tus secretos más profundos, los que exponga tu mente cuando le des libertad de sentir y pensar lo que necesite expresar.

Cuaderno de tu elección

Fotito

Pegatinas y bolis chulis porque si no qué aburrido

Coraje y compasión

El cuaderno tiene algunas normas básicas que tú podrás ampliar según necesites:

- LA PRIMERA: te tratarás bien, te perdonarás, respetarás y tendrás compasión. Hablarás con honestidad, sin victimismo.
- LA SEGUNDA: no flaquearás. Serás honesto contigo y reflexionarás cuando flojees, pensando en las causas. A problemas, soluciones.
- LA TERCERA: te motivarás, animarás y agradecerás cada experiencia y aprendizaje. Puedes utilizar frases de afirmaciones y agradecimientos para iluminarte cuando te encuentres en la oscuridad.

Puedes modificar y adaptar estas «normas» a tu situación, lenguaje o experiencias previas, pero que la base, el respeto que te tengas y las ganas de trabajar por ti, permanezcan.

Es importantísimo tener presente esa actitud amable contigo, ya que si te pasas de exigente y te hablas sin compasión o incluso te atacas, que puede pasar, el sufrimiento de ver reflejado lo que tus instintos más viscerales piensan sobre la persona que te ha llevado a encontrarte en esta situación te hará tanto daño, que querrás protegerte cerrándolo y no enfrentándote a tu realidad de insatisfacción.

Para ayudarte a portarte bien contigo puedes utilizar de marcapáginas una foto de alguien que te quiere con locura y pensar en cómo te hablaría esa persona, una foto tuya que albergue un recuerdo de lo más feliz, para rememorar las emociones de ese momento, o incluso una foto tuya de cuando eras un niño, cuya inocencia y ternura te hagan hablarle a ese pequeño con delicadeza, enseñándole las ganas que tienes de mejorar por él.

En el cuaderno podrás ir investigando sobre ti, destapando heridas poco a poco, sanándolas con cariño. Será un amigo, porque serás tú. Encontrarás pensamientos empolvados, y reconocerás patrones de comportamiento en función de situaciones que te muevan recuerdos y emociones similares. Aprenderás sobre ti y querrás saber cada vez más.

Empezar un cuaderno de autoterapia es raro, enfrentarte a una página en blanco siempre es complicado, más cuando va a tratar de ti por completo. Hazlo tuyo: decóralo, nómbralo, no temas tachar, rayar, pintar, usarlo en ocasiones de lista de la compra o de tareas. Disfruta del cuaderno, ponle pegatinas, pósits… El cuaderno eres tú.

No hace falta que escribas todos los días, pero te recomiendo que al menos una vez a la semana te preguntes por ti y por cómo vas, cómo te sientes y qué ha sucedido para que te sientas así.

El cuaderno será importante en el comienzo de tu cambio, es decir, ya mismo, porque va a servirte de guía visual para saber dónde estás y hacia dónde quieres ir.

Escribe sobre tu situación actual, tal cual vives ahora. Describe tus días de entre semana, rutinas, hábitos, costumbres, entorno, sensaciones; tus noches, cómo te encuentras física y emocionalmente; tus fines de semana, en qué inviertes o gastas tu tiempo, si te comen los vicios, si manejas tus sentimientos, si tienes buenas relaciones de amistad o familiares…, cómo es tu vida profesional, cómo te cuidas, si estás realizando alguna actividad después de trabajar, si tienes ambiciones y objetivos, si vives en el Día de la Marmota…

Ve poco a poco, punto por punto, irán surgiendo más y más cosas que contarte, todo aquello que llevas años pensando y ocultando en el último cajón desastre de tu mente. Establece quién eres y dónde te encuentras en función de los hábitos que has formado con tus decisiones, haz un desglose de cómo pasas tus días o tus días pasan por ti.

Un gráfico que a mí me llamó mucho la atención fue el siguiente: haz un círculo y divídelo en 24 partes. Con colores, ve categorizando los bloques entre tiempo de dormir, trabajar, comer, tareas y actividades extra. Es increíble lo perro que es el cerebro, que te dice que no tienes tiempo de cuidarte cuando te sobran espacios en blanco porque sabes que no duermes ocho horas ni de coña. ¿Ves como se te escapa el tiempo? Y lo triste es que no vuelve.

A mí también me sirvió mucho para ir reconociendo emociones que se me presentaban a menudo (la ansiedad, el síndrome del impostor y la autoexigencia) y disociarlas de mi ser, darles forma de bichitos que me acompañaban y dialogar con ellos para ver cuándo aparecían y qué me ocasionaban. Saqué las voces internas, de las que ya hemos hablado antes. Separarlas de mí y cuestionarlas me ayudó a saber cuándo aparecen, qué me hacen, por dónde me llevan y por qué y cómo frenarlas.

Reflexiona sobre lo que te encuentres y sé honesto y objetivo sobre todo lo que podrías hacer para mejorar en tu vida. Subraya o señala aquellas acciones cotidianas que sepas que quieres y puedes cambiar que has encontrado al hacer un desglose de tus días y rutinas, y vuelve a apuntarlas en formato de lista por puntos. Ya empiezas a tener una guía de puntos en los que trabajar, ya puedes ir tomando decisiones distintas, pero sin embalarte.

DOLOR + REFLEXIÓN = PROGRESO

Una vez que tengas claro quién eres y dónde estás, recuérdate en caso de que te encuentres con alguien que no te cae muy bien, que te perdonas y que estás dispuesto a trabajar por ti desde el más profundo cariño, porque es lo que mereces, empezar a trabajar en ti y en tu bienestar. Puedes incluso escribírtelo, hacerte una promesa o mandarte ánimos:

Todo lo que me ha pasado o he vivido me ha traído a este momento. Olé por mí, por atreverme a verme con ojitos de compasión y ponerle remedio a mi situación. Me perdono y me prometo dar los pasos necesarios para crear una versión de mí que me merezco, que me caiga estupendamente y que rebose ilusión por vivir una vida plena y con propósito. Yo puedo, claro que puedo, y me lo agradezco porque ya he empezado. Qué emoción, confío en mí.

Puedes no creerte ni la mitad de todo lo bonito que te dices, estarás entrenando a tu cerebro a leer cosas buenas sobre ti, para que empiecen a equilibrar todas las malas que sí se cree sin ningún problema.

Ya sabes quién eres, ahora toca plantearte seriamente quién quieres ser. Quién querías ser de pequeño. Quién cumple tus sueños y objetivos.

Pregúntate, sin pensar que es imposible, quién vive tu vida, quién rellena tu vacío y sana tus heridas. Ni se te ocurra pensar que lo va a hacer otra persona, ¿eh? Repito: eres tú, contigo y por ti. Cuando estés completo, podrás dar al resto sin vaciarte, cuando estés completo, podrás rebosar con lo que te den otros.

Piensa entonces en cómo sería un día perfecto para ti. No tengas la presión de conseguir tener 365 días ideales al año, solamente plantea cómo viviría tu versión más plena sus días, desde el despertar al anochecer, haz la rutina ideal. Ahora sí que puedes tomar la inspiración de todos esos vídeos y perfiles que comparten sus rutinas y adaptarlas a ti conforme pase el tiempo, vayas probando y decidas qué te puede funcionar y qué prefieres dejar de lado. Decide cómo vas a empezar a sentar las bases de esa vida plena y de bienestar desde los aspectos esenciales e innegociables:

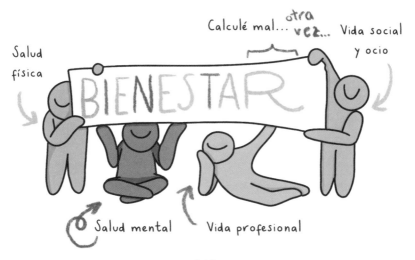

Todo ello depende de que tú te encuentres en un estado de calma y salud desde dentro, dependiente de ti, para tener actitud para enfrentar lo de fuera, circunstancias externas.

Sabiendo cómo son los días de la persona que vive tu vida, cómo piensa, cómo actúa y se relaciona, cómo se cuida, qué *hobbies* tiene, cómo invierte su tiempo, qué ambiciones tiene, cómo las persigue, cómo se mueve, sus hábitos y rutinas... podrás ir desglosando todo aquello que hace y que tendrías que incorporar a tu vida para que se vaya pareciendo.

Puedes volver a hacer el círculo de horas para ver gráficamente cómo son sus días y hacer una lluvia de ideas de todo lo que quieras incorporar. Con un subrayador resalta aquello que querrías hacer y vuelve a crear otra lista de puntos de hábitos que trabajar.

Tendrás ya la lista realista de cosas que quieres cambiar, y esta de actos de autocuidado que llevar a cabo poco a poco.

Verás que como si de un ejercicio de «une los contrarios» del *workbook* se tratase, lo que quieres cambiar de tu yo actual y lo que te gusta de tu yo potencial se podrían unir.

¿Acaso quiere decir esto que una vez que veas reflejado punto a punto lo que quieres cambiar y conseguir, has de ir de cero a cien, de negro a blanco, de la noche a la mañana?

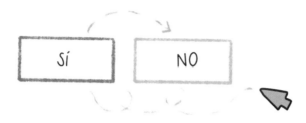

Si has elegido sí, me has vacilado, pillín, que nos conocemos. ¿Cuántas veces has intentado ese cambio radical de vida, y cuánto has durado en ello? Venga, reflexiona en el cuaderno.

Sé realista y ve poco a poco, no te embales. Años de pensamientos, acciones y hábitos creados que ya realizas de manera inconsciente no se rompen de la noche a la mañana. Estás hablando de cambiar por completo tus rutinas, tu forma de existir, de cambiar tu realidad personal de manera abrupta. Es imposible que dure en el tiempo si lo haces todo de una. Tu cerebro tiene muy integrada su manera de pensar y de hacer que actúes, le vas a meter un estado de ansiedad con tantísimos cambios que generan incomodidad que acabará paralizándote en el momento en el que la líes, que como te he dicho muchas veces, la liarás.

Estás acostumbrado a ser tú, eres tu lugar seguro por muy destructivos que sean tus actos o pensamientos diarios, el cerebro querrá volver a lo conocido en el momento en el que le retas haciendo cosas distintas y difíciles.

Tú eres tus actos y pensamientos, si llevas tanto tiempo reafirmando quién eres, repitiendo tus rutinas y patrones de comportamiento, escudándote en que tú «eres así» debido a tus circunstancias, no será fácil cambiarlo. Mucho menos de la noche a la mañana.

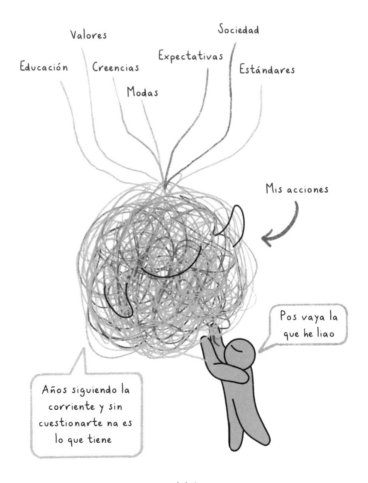

Empieza por hacer algo distinto a lo que hiciste ayer, dentro de tus mismas rutinas. Si tienes el hábito de no colgar la toalla de los pies al salir de la ducha, y la ducha es algo innegociable que se repite en tu rutina, hazlo. Tienes el hábito de ducharte, ahora incorpora el de recoger la toalla. Reemplaza un hábito que no te aporta más que caos y desorden, por otro en la misma situación que seguramente eleve tu humor al volver al baño y ver que no tienes la toalla por el medio del suelo.

Intenta tomar pequeñas decisiones mejores para tu rutina actual, muy poco a poco. Ya sabes la rutina que aspiras a tener, pero no tengas prisa por conseguirla, quizá te des cuenta de que algo de eso que piensas que te va a ayudar no encaja para nada contigo y tengas que reajustarla. Eso es autoconocimiento y por eso no puedes compararte con nadie. Sí puedes inspirarte e imitar para empezar, pero luego has de reajustar para crearte.

Hace unos meses, mi prima (y compañera de piso) se quedó perpleja al verme sentada en mi cama guardando la ropa limpia y, en concreto, doblando la ropa interior.

Hablamos de que meses antes no tenía energía para levantarme de la cama y, muy poco a poco, empecé a dejar de trabajar desde mi cama en mi habitación caótica, a salir de mi habitación en pijama sin mirar atrás, a vestirme, a hacer la cama, a doblar el pijama, a no tirar ropa al suelo, a meter prendas echas una bola al armario, a colocar la ropa limpia en su sitio, a colgar la ropa que había usado en el día, a llevar la ropa sucia al cubo a diario, a emparejar calcetines, mantener el orden en mi habitación, a darle la vuelta a los pantalones, ¡A DOBLAR LA ROPA INTERIOR!

No podría haberme exigido pasar de golpe de tener pilas acumuladas de ropa limpia sin guardar durante días, a tener la ropa colgada y mucho menos doblada. Empecé por guardarla, como fuera, en el armario. Sin darme cuenta, de repente todo tenía un lugar. Al cabo de las semanas, había orden y pulcritud a mi alrededor.

En un proceso de cambio y mejora van surgiendo nuevas necesidades conforme otras más básicas van estableciéndose en tus rutinas y formando hábitos inconscientes. Sin esfuerzo verás que muchas actitudes desglosadas de las rutinas que tenías y que querías tener ya son parte de ti. El tiempo hace de las suyas.

Si no sabes por dónde empezar y crees que es tanto el caos que te rodea que no te atreves a dar un paso, toma una decisión por ti. Recuerda las ideas de la página 57 y 106.

Haz algo por tu salud física, por ejemplo, toma una mejor decisión a nivel nutricional, solo una, quizá sea que solamente cambies un snack del día, que el resto siga igual. Si ves que puedes esforzarte más, procura que tu actitud de entrenador te lo exija y tu animadora te motive a conseguirlo.

Vas por rachas de cero a cien y de todo a nada porque no estás acostumbrado a sentir y actuar como el tú que aspiras a ser, tienes que practicarlo y redirigir pensamientos que te alejen de lo que quieres conseguir por otros que te devuelvan a tu nueva realidad. Algo que te puede ayudar es tener un mantra, una frase, señal o palabra que te devuelva al estado de pensamiento que debes tener para actuar como tú tú y deshacerte poco a poco de tus maneras de ser que no te gustan tanto. No eres un fracasado por liarla de vez en cuando, es lo normal, los patrones están muy establecidos en tu cerebro y cuerpito. En la redirección de pensamientos y actos destructivos, se va creando tu fortaleza. Puedes desviarte y encaminarte, cansarte, parar y volver, ¡No pasa nada! no vas a estar siempre a tope de power. La motivación va y viene, no puedes depender de ella, tienes que entrenar tu voluntad y dejarte flipando cada vez que decidas conscientemente rechazar un pensamiento comodón y dañino al que estabas acostumbrado.

Haz algo por tu salud mental, decide, por ejemplo, hacer una limpieza de personas a las que sigues en redes sociales, no dejes de utilizar el móvil menos de lo que lo haces, simplemente limpia tus perfiles de aquellos que te evocan sentimientos que quieres dejar de sentir: envidia, comparaciones, rabia... Si ves que puedes esforzarte más, tu entrenador dirá: «Venga, deja el móvil» y tu animadora te motivará a cortar el vicio y a hacer aquello que merece tu tiempo y esfuerzo.

Haz algo por tu alrededor, recoge, por ejemplo, el colgante de la etiqueta que lleva en tu mesita con las tijeras abiertas dos semanas desde que estrenaste la camiseta. Si sabes que puedes con más, que tu entrenador te lleve a recoger un poco más y que tu animadora te ayude con música.

Trabaja primero en todo lo que dependa de ti y todo lo que influya directamente en tu bienestar físico y mental. Ve tan lento o tan rápido como sabes que puedes. Cada uno parte de un punto distinto con una actitud distinta, pero el motor debe ser casi siempre el mismo: el amor que quieras conseguir darte y el respeto que debes procurar tenerte.

Cuando flojees, ten frases recurrentes que repetirte para seguir trucando a ese cerebro acostumbrado a pensar en negativo y a lo cómodo. Mis frases favoritas son:

●   «Me apruebo y me acepto», y «Estoy a salvo». La primera que me repetí. La leí en el libro *Usted puede sanar su vida* de Louis Hay, y me gustó por no obligarme a quererme todavía, solamente a aceptarme. También me repetía otra del mismo libro: «Todo está bien en mi mundo», cuando la ansiedad de la noche acechaba.

●   «No me cuesta nada» me surgió al darme cuenta de que estaba posponiendo tareas absurdas que verdaderamente no me costaba nada hacerlas. «Venga, que no te cuesta nada» suele ser algo que te dicen al pedirte un favor, me da un poco de rabia, porque ¿qué sabe esa persona pedigüeña de lo que me cuesta o deja de costarme? Solo yo sé lo que me cuesta, y lo que no me cuesta. Por eso me la digo, porque a veces soy una comodona que pospone tareas insignificantes pero que cuando las hago me aportan muchísimo, véase: recoger la cocina o el escritorio, ir a por algo que necesito y que está en otro sitio, rellenar botellas de agua, reponer las cosas agotadas. Son tareas que quizá antes hacía (o dejaba sin hacer) pensando más en quien se encontraría la tarea sin hacer y tendría que hacerla ya que yo no había querido hacer el mínimo esfuerzo que requerían.

●   «Yo puedo», así de simple, «Yo puedo, yo puedo, yo puedo». Cuando me encuentro diciendo lo contrario, lo redirijo: «No pue… no he podido todavía, pero yo puedo». Obligas al cerebrito comodón a pensar que es capaz de hacer aquello de lo que dudas, ya sea ponerte a estudiar o a limpiar una persiana.

- «Yo hago cosas difíciles». Para mí, esta es una frase más avanzada en mi cambio, ya que, si en un principio no era capaz de hacer lo más básico, como no posponer la alarma, beber agua o salir de casa, como para «hacer cosas difíciles». Me sirve para creerme capaz de hacer aquello que me incomoda, me cuesta o evito. Unos días las cosas difíciles son ponerme a escribir un librazo que va a ayudar a muchas personas a empezar a hacer cosas difíciles, otros días las cosas difíciles serán salir de casa o hacer elecciones saludables que otros días hago inconscientemente.

A veces escribo en el cuaderno afirmaciones sobre quién soy (o quiero ser) solamente para que mi cerebro lo lea y se lo crea, aunque no actúe como tal.

Comenzar el proceso del cambio, sea cual sea tu objetivo, es una cosa dificilísima. Enfrentarte a ti mismo con honestidad y aceptar que tienes cosas que cambiar es complicado y duro. Pero tú, como yo, haces cosas difíciles.

No temas cagarla, como he repetido muchas veces, las liadas llegarán y deberán ser bienvenidas, te enseñan lo que no te funciona, te ayudan a adaptarte, te hacen crecer al volver a retomar tu cambio… El progreso no es lineal y pa qué quieres que lo sea, ¿para llegar antes?… Lamento comunicarte que este cambio no tiene fin, porque una vez que entras en el camino de la evolución y la mejora, no hay quien salga de ahí. Se convierte en tu vida, vuelves a tener aspiraciones, ambiciones, consigues objetivos y te propones otros nuevos al ver que has sido capaz de llegar a cumplir con tus promesas.

Una vez que te tomas la palabra y la mantienes, empiezas a creer en ti y a crearte, se abren nuevas posibilidades en las que confías para adentrarte a perseguirlas. Pierdes el miedo y dejas atrás la vergüenza de «ser malo» en algo, te atreves a intentarlo porque lo que opinen los demás te resbala como blandiblú en ventana. Cuando sanas desde dentro puedes enfocarte por fin en lo de fuera, iluminas e inspiras al resto sin ni siquiera intentarlo.

Estar enfocado en ti y solo en ti te hace perder el interés en todo lo que no dependa de tus acciones o pensamientos: deja de interesarte la vida del resto, dejas de compararte constantemente, de criticar… entiendes que tú no puedes cambiar a otros y no te dejas influenciar con la facilidad con la que lo hiciste con anterioridad. Empiezas a celebrarte a ti, por cada reto superado o cosa difícil intentada.

No temes las críticas, no importa si otros se burlan de aquello que has tenido que superar, no temes aparentar ser un creído, porque todo lo que haces es por ti. Cuántas veces cuando nos pasa algo bueno buenísimo bajamos nuestra energía por no querer hacer sentir mal a nadie. Dejamos de compartir buenas noticias o ilusiones por miedo a parecer un repelente creído. Esa «represión» le enseña a nuestra mente que estar feliz no es bueno. Ya hemos dicho que no contamos nada de lo malo para no molestar y encima nos acostumbramos a callarnos también lo bueno. Cuando nos preguntan qué tal, es más fácil decir «buaaa, ahí andamos... ya sabes» que «mejor que nunca, trabajando mucho en mí».

Así que celebra. Celebra cada pequeña cosa que te hace sentir ilusión y satisfacción. Cada buena noticia. No esperes a un notición, celebra hasta una buena reunión, cualquier motivo que te haga feliz. Decide celebrar tu felicidad sin motivo aparente, igual que decides estar triste, de malas o insatisfecho nada más levantarte y ver la hora. Ve tornando la balanza de la tristeza hacia la alegría, porque así lo decides. Será raro después de tanto tiempo pensando lo contrario, no lo niego. Pero vale mucho la pena intentarlo.

Eso empecé a hacer con mis reuniones, cada vez que una reunión acaba con algo emocionante, una buena noticia o una ilusión, brindo con un zumo de naranja o una kombucha. Nuevos rituales de alegría.

IDEAS PAL CUADERNO

¿Cómo está mi cabeza?
¿Qué emociones me
acompañan? ¿Qué
pensamientos se repiten?

bichitos

¿Cómo está mi cora?
Tranqui o alborotado,
herido o sanado

¿Dónde quedaron mis
hobbies? ¿Soy quien va a
perseguir mis sueños?

¿Cómo fue el día? ¿Qué ha
hecho que sea así? ¿Cuál
ha sido mi *mood*?

¿Cómo estoy durmiendo?
¿Me cuesta conciliar el
sueño? ¿Tengo energy?

¿Qué fue bien
hoy? Agradécelo

¿Qué puedo hacer al
respecto en aquello que
depende de mí? ¿Qué me
frena? ¿Cómo lo
soluciono?

Hábitos, rutinas y rituales

Las rutinas son necesarias para tener un orden en la vida, liberar al cerebro de tener que pensar en lo que viene después. Se componen de hábitos conscientes o inconscientes que se crean debido a la repetición de acciones en el tiempo. Seguramente tengas rutinas establecidas, las más fáciles de diferenciar son las de las mañanas y las de las noches.

Durante el día tenemos más rutinas, la del trabajo y la pausa del café y cotilleo, la de vuelta a casa, rutinas de limpieza, rutinas de fin de semana, de vacaciones...

Las rutinas nos crean, y por eso debemos modificarlas y ajustarlas poco a poco si queremos crear una nueva realidad mejor para nosotros.

Estas rutinas se crean a base de hábitos. Los hábitos son aquellas acciones que realizamos a veces inconscientemente, por costumbre, a las que el cuerpo se ha acostumbrado y ha tomado como suyas, las lleva a cabo automáticamente, cual Roomba programada para aspirar a las 10 de la mañana. Hay hábitos buenos que no piensas mucho, como lavarte los dientes y los hay no tan buenos, como pueden ser los vicios. Darte cuenta de que hay ciertas actitudes que quieres cambiar y ver que dependen de rutinas muy establecidas en hábitos muy destructivos, es bastante complicado. Parten, como casi todo, de nuestros pensamientos, creencias y emociones, así que, como casi siempre, hay que ir a la base del problema para empezar a modificar conductas.

El rocecillo inicial es la resistencia que oponen tu cuerpo y tu mente a llevar a cabo los pasos necesarios para deshacerte de un hábito y reemplazarlo por otro más constructivo. Es la incomodidad física o emocional que se siente al ser conscientes de que aquello que queremos hacer nos va a suponer un esfuerzo al que no estamos acostumbrados, que sería fácilmente evitable y que crea una pataleta interior de voces en contra. El rocecillo se entrena con voluntad, al principio cuesta muchísimo superar esa resistencia, pero se va haciendo más fácil a medida que confirmas tu capacidad de poder con ello.

Supera el rocecillo inicial para
conseguir el gustazo final

Si quieres reemplazar hábitos actuales por otros mejores, o crear nuevos, puedes hacer un ejercicio de autoconocimiento en el que te preguntes qué es aquello que te frena, a qué rocecillo vas a enfrentarte y por qué te cuesta tantísimo. Al identificarlo, sea algo físico —el móvil me distrae al trabajar—, o sea algo emocional —mi bichito impostor me grita al oído que no merezco esta entrevista de trabajo—, podrás visualizar el problema y pensar soluciones: dejo el móvil en otra habitación, me repito un mantra para silenciar a mi bichito impostor «si no fuera para mí, no tendría la oportunidad».

Ahora que sabemos que los hábitos crean rutinas y que se pueden mejorar y reemplazar para que se alineen con la persona que queremos ser, te cuento, para mí, hay cinco rutinas que todos deberíamos tener, adaptadas y adaptables en función de las temporadas o de diferentes necesidades:

DE MAÑANA

LA RUTINA DE MAÑANA debe ayudarte a comenzar el día con buen pie, energía y calma. PROBLEMA: la alarma del despertador es el enemigo de la calma, a no ser que necesites un cacerolazo al oído para despertar, intenta que tu alarma no sea el primer infarto del día. Prueba despertadores de luz (*game changer*) y tonos un poco más calmados que los preestablecidos en el teléfono. Haz el esfuerzo, que sé que lo es, de no comenzar el día con la pantalla del móvil. Apaga la alarma, procura no posponer la primera decisión de tus días, y arrea a hacer lo que tengas que hacer.

Si desayunas, desayuna. Si vas al baño, ve al baño, si te duchas, dúchate. Pero estate presente en lo que hagas. Espera un poco para coger el móvil, las redes o los emails, entrénate hasta que cada vez la pantalla tarde más en aparecer en tus mañanas. Es demasiada información para un recién despertado que no sabe ni qué día es, te altera, te remueve y te aleja de estar presente. Se te quema la tostada.

En tu rutina de mañana haz algo por ti, por tu mente y por tu espacio: lávate la cara y ponte crema solar, haz la cama y dobla el pijama para caerle bien al guapo que se lo encuentre por la noche (tú). Recoge aquello que utilices en la cocina. Estira o muévete si tienes tiempo. Lee o escribe en el cuaderno si tienes un hueco. Tu mañana te habrá preparado para no tener nada de lo que preocuparte cuando vuelvas al final de tu día.

[LA DE LAS NOCHES] preparará tu cuerpo para resetear los estados de emociones que habrás sentido durante el día por acontecimientos o circunstancias más allá de tu alcance. Debe ayudarte a desconectar de lo sucedido, a procesarlo y aprender de ello y a que te caigas bien por la mañana. Intenta mantener el orden con aquello que devuelvas a su lugar. Trátate bien preparándote para dormir, conoce lo que necesitas y tenlo a mano para dejar de pensar. Deshazte de todas las energías que te han puesto o te han robado y reponte de las tuyas. Cena rico, procura no viciarte en pantallas y establece una rutina de sueño y descanso, es esencial.

DE NOCHES

LA RUTINA DE DESCONEXIÓN consiste en dejar de lado las preocupaciones del día de estudio o trabajo para enfocarte en crear una burbuja positiva, creativa y energizante. Necesitas recuperar *hobbies*, volver a jugar, disfrutar haciendo algo con las manos, enfocar por un tiempo tu atención en algo, entrenar la voluntad, formarte, aprender algo nuevo… Prueba aquellas manualidades o proyectos que tienes guardados en Pinterest o empieza libros comprados cogiendo polvo y no

DE DESCONEXIÓN

temas ser malo en algo nuevo, que no te guste o no seas capaz. Se trata de trabajar la mente y crear nuevos circuitos de pensamiento, sacarla de lo que ya sabe, que espabile un poco.

DE CUIDADOS

LA RUTINA DE CUIDADOS incorpora tener un plan de ejercicio físico y movimiento, de alimentación saludable y equilibrada, y de cuidado corporal general. El cuidado de la salud mental va intrínseco en las rutinas anteriores y en esta, por supuesto. Son innegociables la necesidad del movimiento, la buena alimentación y el cuidado corporal, y os animo a buscar ayuda profesional si estáis, como yo, más perdidos que un pulpo en un garaje. Alguien que os dé unas pautas básicas os quitará un poco la vergüencilla inicial de empezar a hacer ejercicio, que todos los que nunca hemos hecho tenemos la primera vez que vamos a un gimnasio. La alimentación es otro mundo donde se conoce por norma general lo que se debe tener en cuenta, pero cada persona tiene sus circunstancias y si quieres empezar a cuidar tu alimentación cuando no tienes ni idea, se necesita ayuda profesional o un poco de formación.

EL CUIDADO PERSONAL va ampliándose en significado a medida que afianzas las bases. No creería la Ángela de hace unos años que ahora estaría poniéndose crema en las cutículas de los pies, cuando ella se arrancaba esas uñas quebradizas y las cejas por no saber tranquilizar su ansiedad. Eso sí, en la lista de cosas que tenía mi yo «ideal» tenía uñas cuidadas. Y de repente un día, habiendo controlado el instinto arranca-cosas-que-salen-del-cuerpo se ve echándose crema en los pies y poniéndose calcetines para dormir.

DE LIMPIEZA

LA RUTINA DE LIMPIEZA es esencial para mantener el orden en la cabeza, os escribo desde un sofá repleto de pelusas tamaño rata neoyorquina que voy a limpiar nada más termine estas palabras, porque me está afectando a la productividad.

Como ya dije, tu entorno es el reflejo de lo que pasa dentro de ti. Cuando tu entorno está sucio y caótico, tu interior está alterado. Cuando limpias tu alrededor, ya tendrás un sentimiento de calma en algo que depende de ti, para poder solucionar lo que suceda en el interior.

Las rutinas de orden deben incorporarse a las de mañana y noche para que no acabes con acumulaciones, recuerda que «no te cuesta nada», «puedes hacer cosas difíciles» y ve repitiéndote que «es para caerte bien luego».

Tus rutinas te crean igual que tú a ellas, a base de ir cambiando cosas pequeñas creas impactos gigantescos. Decide hacer algo al respecto, replantéate tus hábitos y rutinas y crea rituales que te honren desde el cariño y el respeto.

MI DÍA DE HOY   EL DÍA QUE MEREZCO

- Horas de sueño
- Rutina de mañanas
- Trabajo o estudio
- Horas de comidas

- Tiempo libre, ocio
- Rutina de noches
- Tareas y cuidados
- _____

Visualiza tus rutinas para optimizar, invertir y disfrutar tu tiempo. Sé honesto, habrá horas que no sabes ni dónde se han ido. Plantea tu día actual e ideal para saber en lo que trabajar. Spoiler: no duermes suficiente ni de coña, puedes empezar por ahí.

MINIHÁBITOS EN LOS QUE QUIERES TRABAJAR

Leer, salir a pasear, ponerme crema...

-
-
-
-
-
-
-
-
-
-

Elige de 3 a 5 y ve alternándolos por días o semanas, seguirás implementándolos poco a poco en tu rutina sin que parezcan tareas gigantescas, sin abrumarte ni aburrirte.

[CONSTRUYE HÁBITOS] DESDE LA BASE

● QUÉ

Convertirme en lectora, leer libros porque me gusta

POR QUÉ NO LO HE CONSEGUIDO YA

No he encontrado mi estilo de lecturas y siento que me aburro leyendo

~ CÓMO ME SIENTO SIN CUMPLIRLO ~

Un poco ignorante, me avergüenza no haber sido lectora desde más joven

CÓMO PODRÍA EMPEZAR YA MISMO

¿ POR QUÉ ?

Porque quiero disminuir mi tiempo en pantallas, culturizarme, aprender a escribir mejor y ser parte de conversaciones entre lectores

[QUÉ ME FRENA]

La pereza de empezar libros y que no me gusten, el uso de las redes sociales

✛ CÓMO VOY A SENTIRME SI LO HAGO ✛

Orgullosa de trabajar en algo que quiero desde hace tiempo, más culta

Leyendo un párrafo o estableciendo un horario de lectura aunque sean diez minutos!

Dale al play.
Roadmap que me ayudó

Cada persona acabará creando su guía de vida, aprenderá lo que funciona o no, lo que le presiona de más y paraliza, lo que le ayuda de verdad…

A mí me ayudó tremendamente, una vez que llegó mi detonante y haberme conocido en los ejercicios del cuaderno de autoterapia, tener ayuda profesional para abordar aquello que más me «urgía»: empezar a hacer ejercicio. Como mi planificación inicial era de doce semanas, y mis siguientes análisis estaban ahí ahí, me sirvió como forma de temporalizar mi «reto personal».

Tenía mis objetivos en el cuaderno, los hábitos de salud física, mental, social y profesional que vive mi yo del futuro, Villa Pantone incluida, así que fui incorporando semana a semana alguno de ellos.

Hice un calendario de tres meses en mis planificadores, en esas primeras semanas establecí como hábitos a ir introduciendo: hacer ejercicio tres veces por semana, mejorar mis decisiones alimenticias y trabajar en el orden de mis espacios (y de mi mente).

El calendario reflejaba los días, las semanas y siglas para recordar cuándo cambiar sábanas, pijama, lentillas... Cosas básicas de higiene y cuidado muy generales que, por desgracia y sin vergüenza, admito que habían pasado a un segundo o tercer plano.

Todas las noches tachaba el día en un pequeño acto de reflexión sobre lo que había hecho. Pasadas algunas semanas empecé a poner caritas felices, tristes o pichi-pichá según el día que había tenido, para contar con los días malos como parte del proceso y ver que al día siguiente podía volver a tener una carita feliz acompañándome. Las doce semanas pasaron y no daba crédito, había conseguido superar tres meses cuidando de mí, por mí.

A las cinco semanas cambié el ejercicio en casa por trabajo muscular en el gimnasio, había pasado siete semanas superando mis miedos y complejos de ser juzgada, no me importaba lo que pensara nadie, no me importaba verme como novata, lo era, y eso significaba que había empezado a trabajar en mi salud física.

Fui añadiendo nuevos hábitos, reconociendo patrones de caritas felices y menos felices, resulta que —¡sorpresa!— la ciclicidad de la mujer afecta muchísimo a los niveles de energía y a mucho más, comencé a apuntar en el planificador los días del ciclo en los que estaba, para saber qué esperarme (aunque puede que a veces lo que me esperaran fueras excusas y mi bichito entrenador tuviera que ponerme las pilas). Las siglas de las tareas de higiene y cuidado desaparecieron porque fueron integradas en mis hábitos.

Se incorporaron nuevos pasos a las rutinas de cuidado facial y corporal, poniéndome objetivos en los que trabajar y mejorar. No me daba vergüenza tener en el baño bien visible un calendario con qué tratamiento hacer cada día, no me da vergüenza trabajar en mí. El ejercicio se integró por completo en mi rutina, algo que jamás podría haber pensado que llegaría a suceder. La alimentación no es problema, la ansiedad por comer en momentos de estrés está controlada, y cuando surge, soy capaz de redirigir el impulso.

Debido a ello, mi postura ha mejorado. Yo que tenía un aplanamiento total de la espalda, tengo musculatura para aguantarla. Mis hombros y codos hiperlaxos que bailaban como títere ahora tienen algo para protegerlos. Mi estabilidad inexistente ahora me permite ir en el metro y casi ni tambalearme. Mi confianza caminando por la calle, donde siempre fingía ser invisible, encorvada y con las manos ocultas en los bolsillos, ahora es capaz de ir con la cabeza alta y las manos vacías.

El cuidado de mi mente con la escritura en mi cuaderno se amplió a empezar a leer, un hábito en el que estoy trabajando: convertirme en lectora. Así como me ayudo escuchando pódcast de crecimiento, dejo de seguir y bloqueo aquello que no me aporta o me hace sentir cositas que no me apetece sentir, estoy empezando a meditar (después de muchos meses de cambio), a ser más consciente y estar más presente en aquello que hago, a despegarme del teléfono (es un problema, un vicio, espero que en unos meses lo consiga). Reconozco mis patrones, redirijo mis comportamientos porque no quiero caer en lo malo conocido de quien era.

Y todo ello ha repercutido en mi estado general de bienestar, en mi comportamiento con el resto de las personas, en mis ganas de ayudar a quienes pueden sentirse reflejados por vivir una vida que no les gusta, en querer incorporar más actividades a mi vida, ser creativa, inspirar con lo que he podido aprender, trabajar en ser mejor profesional para mi comunidad, marca y empresa, en trabajar la relación con mi familia, destapar y curar heridas más profundas e incluso empezar terapia profesional en aquello a lo que yo ya no llego, sé que me va a abrir otro mundo de crecimiento. He entrado en un círculo vicioso, esta vez positivo. Con sus idas y venidas, por supuesto.

He aprendido que puedo probar y fallar y volver a intentarlo tantas veces hasta que encuentre mi manera. He encontrado una persona distinta, con infinitas posibilidades de cambio, abierta a todo lo que venga a sorprender, agradeciendo cada paso en el camino y queriendo decirte que tú también puedes. Si aún no lo crees, actúa. Tu vida es tu show y tú eres protagonista, no secundario.

Una vez que tienes tu «por qué», ya sabes cuál, estos pasos te ayudan a ir creando tu «cómo» para llegar a tu «quién». El «cuándo» ya lo sabes: desde ahora, porque puedes hacer cosas difíciles. Mereces caerte bien, vivir con energía, tener ilusión por la vida, ser consciente de quién eres y estar orgulloso de todas las decisiones que tomes. Eres valiente, eres capaz. Reconoce tus bichos y a por todas con ellos. Aprende a ser quien en el fondo eres, consigue aceptar el reflejo en el espejo, estate encantado de conocerte porque eres únicamente tú, y tienes algo que el resto no tiene. Cambia si quieres cambiar, eres capaz. No te presiones por empezar, pero sé honesto ante lo que puedes cambiar desde ya. Cree para crear, porque si tu vida depende de ti, estás en las mejores manos.

Confía en que cada día que decidas plantar cara a tus pensamientos y no rendirte ante tus ~~bichos~~ tiranos será un éxito más para recordar. Recuerda que los días hacen las semanas, y estas los meses. Comenzar a pensar que otra versión de ti es posible te catapulta a tu Villa Pantone, a empezar a vivir como la persona que la habita. No hay nada de humillante en querer modificar aspectos de tu conducta o manera de vivir actual, no hay nada de lo que avergonzarte por haber cometido «errores» en el pasado, ya que hasta ahora no los concebías como tales. Y no lo son, porque de ellos has aprendido lo que quieres y no en tu vida y en tu ser.

Es un privilegio tener la oportunidad de cambiar, de tomar decisiones en favor de tu bienestar. Somos muy afortunados por tener la capacidad de conocernos, rechazar etiquetas que nos hemos ido creyendo a lo largo de los años y redefinir quiénes somos. Es un honor trabajar en uno mismo por quien uno es, recuperando la ilusión en la vida y en los sueños.

Espero que estas páginas llenas de mi realidad más transparente y mis bichitos te hayan quitado un peso de encima, la presión de un cambio motivado por todas las razones incorrectas, y te animen a encontrar las correctas, los «porqués» necesarios para iniciarte en el autoconocimiento, en la búsqueda del respeto hacia la persona más importante de tu vida, que, como ya hemos dejado claro, eres tú.

Espero que la vivencia de mi cambio y evolución que sigue en proceso, y seguirá toda la vida, te motive a trabajar cada día en ti como algo prioritario, a recuperar tu esencia, ilusión e incluso inocencia de cuando eras un niño, a pensar en grande confiando en que nada es imposible hasta que demuestres lo contrario, y eso solo puedes demostrarlo probando.

Que te olvides de la vergüenza a fallar, que el miedo solo sea un compañero de viaje, no un freno. Que dejes de silenciar aquellos pensamientos que quieren recordarte aquello con lo que sueñas, que no dejes extinguirse del todo tu llamita interior, porque puede llegar a irradiar la luz que ilumine tu camino. Que permitas compañía en tu viaje, que no te alejes de quien quiere ayudarte ni te aferres a quien te ancle.

Que el tiempo pasa y cuanto más pospongas el futuro que quieres menos tiempo tendrás para disfrutarlo. Que nunca es tarde para empezar, tengas veinte o setenta años, siempre podrás tomar una mejor decisión. Que puedes llegar a aparcar las excusas de que «tú eres así» porque eres capaz de cambiar tu realidad personal, da igual que hayas «sido así» cincuenta años de tu vida, no eres víctima de tu realidad, eres creador.

Que no es normal vivir sin ilusión, energía o ganas, esperando los fines de semana para ser feliz, en un constante estado de angustia o apatía siendo una persona sin ninguna condición social o personal difícil.

Cuanto más esperas por el futuro que quieres, menos tiempo tienes para disfrutarlo. Espabila, que ya es hora.

¡TE QUIERO MUCHÍSIMO!

Agradecimientos

A María, por ser mi «taller de chapa y pintura abierto 24 h» oficial (terapia), por ser el claro ejemplo de querer cambiar y pasar a la acción, por todo lo que nos une más allá de lo superficial. Te mereces todo lo merecible (o merecesible).

A Migui, tu valentía y crecimiento en este último año ha sido impresionante, admiro la capacidad de superación que has reconocido en ti y la manera tan brillante de utilizarla en tu cambio. Me llena de orgullo ver cómo estás dispuesto a conocerte y crearte. Eres imparable.

A mis padres, siento que os enteréis de las «batallas internas» de vuestra hija *favorita* de esta manera. Sé que lo hicisteis lo mejor que pudisteis y siempre quisisteis protegerme, yo a vosotros también. Espero que abracéis vuestros bichitos y crezcáis con ellos, nunca es tarde. Os quiero mucho.

A Anina, tus éxitos son los míos al igual que los míos te pertenecen, estoy orgullosa de todo tu crecimiento, haberte abierto a conocerte está siendo la mejor experiencia para las dos. Cómo necesitamos un reality del Pisuelo…

A mis seguidores de @annsdr por abrazar el camino que he tomado y que se ha visto reflejado en mis publicaciones, por abriros a vosotros mismos y por cada mensaje de superación que me enviáis. Sois vitales en la búsqueda de mi propósito y motor en mi cambio en los días menos fáciles. Podéis hacer cosas difíciles #yohagocosasdificiles